家庭教育指导：
让家充满爱与智慧

王明姬　胡锦澜　著

机 械 工 业 出 版 社

千里之行，始于足下。在现有的教育中，家庭教育占据非常高的地位并具有不可替代性，在新时代和新的发展阶段中，其自身既要与学校教育、社会教育相融合，发挥育人的独特功能，又要结合科学的教育观念，大胆实践，创新发展，不断进步，彰显其自身的独特价值。

为适应家庭教育发展的新环境、新趋势、新要求，我们编写了本书，其内容涵盖家庭教育的现状及展望，不同阶段儿童能力的培养，家庭教育的影响因素、流程等八个部分，针对家庭教育中的问题，精准分析说明，结构清晰明了。书中既有理论讲解，还有大量实操说明与案例分析，理论和实践相结合，具有很强的针对性与可操作性。本书适合广大教育工作者阅读，也可作为父母教育孩子的实践指南。

图书在版编目（CIP）数据

家庭教育指导：让家充满爱与智慧/王明姬，胡锦澜著. —北京：机械工业出版社，2023.6
ISBN 978-7-111-73317-1

Ⅰ.①家… Ⅱ.①王… ②胡… Ⅲ.①家庭教育 Ⅳ.①G78

中国国家版本馆 CIP 数据核字（2023）第 104428 号

机械工业出版社（北京市百万庄大街 22 号 邮政编码 100037）
策划编辑：梁一鹏 责任编辑：梁一鹏
责任校对：王荣庆 王明欣 责任印制：常天培
北京机工印刷厂有限公司印刷
2023 年 7 月第 1 版第 1 次印刷
169mm×239mm · 11 印张 · 161 千字
标准书号：ISBN 978-7-111-73317-1
定价：78.00 元

电话服务 网络服务
客服电话：010-88361066 机 工 官 网：www.cmpbook.com
　　　　　010-88379833 机 工 官 博：weibo.com/cmp1952
　　　　　010-68326294 金 书 网：www.golden-book.com
封底无防伪标均为盗版 机工教育服务网：www.cmpedu.com

序

《中庸》曰："自诚明，谓之性；自明诚，谓之教。"教育是成人的关键点，也是成才的最大隘口。

家庭教育是学校教育与社会教育的元基础，也是大教育的重要组成部分，它始于孩子出生之日。婴幼儿时期的家庭教育是"人之初"的第一教育，在人的一生中起着奠基作用，具有不可替代性。孩子上了小学、中学后，家庭教育既是学校教育的元基础，又是学校教育的补充和延伸，并产生新的更大的协同效应。正如蔡元培在《中国人的修养》里所说："家庭者，人生最初之学校也。一生之品性，所谓百变不离其宗者，大抵胚胎于家庭中。"

近年来，随着我国社会经济蓬勃发展，人们收入与生活水平不断提高、精神生活日益丰富。与此同时，人们对教育的要求也越来越高，尤其是对教师的教学水平提出了更高的标准和要求。国家为提高教育教学水平，提升了对教师的选拔标准，加大了对教师的培训力度，学校教育呈现"纯智能化"的趋势，而在德育教育、身心健康等方面出现弱化现象。

虽然教师的教育教学能力越来越高，并向国际教育靠拢，然而，在家庭教育中，多数家长仍然沿袭、秉持过时的，甚至落后的教育方法和教育理念，其教育方式已不适应网络智能时代孩子们的身心发展需求。这也是许多家校矛盾产生的重要原因。要从根本上化解这种矛盾，必须创新家庭教育理念，切实提升家庭教育水平。

作为实施家庭教育的主体，家长自身的教育素养是制约家庭教育质量的关键点。可以说，决定孩子成绩的主因是父母。家庭教育良好的孩子，成绩一般都不会太差，且品行端正，学习习惯好，社会适应力强，成才的概率远远大于家庭教育差的孩子。

　　家庭教育如此重要，家长该如何提升自身素养，扮演好自我角色呢？为了帮助家长改变简单、粗暴的传统教育方式，跟上新时代步伐，学习掌握更科学、更有效的家庭教育方法，我们组织编写了本书。本书内容涵盖家庭教育现状、儿童成长规律、儿童能力培养、家庭教育问题的干预等多方面的新知识，系统讲解与案例分析结合，具有专业化、系统化及可操作性强的优点。故本书有助于家长掌握科学的教育方法，为孩子制订符合其成长需求及家庭资源的教育方案。

王明姬

目录

第一章

家庭教育现状及展望

第一节　家庭教育概况

一、家庭教育的定义

朱熹在《朱子家训》写道："父之所贵者，慈也。子之所贵者，孝也。"要求父母对子女要"慈""教"。所谓"慈"，即父母要疼爱子女。但父母对子女千万不可溺爱，不可放纵，朱熹指出："子孙不可不教也。"

孩子成长过程中，家庭是第一个教育场所，父母是第一任老师，而这一"老师"具有天然性而非社会性，也就是说，这一"老师"本身并没有像学校老师那样接受严格的科学的培训和检验，由此导致这一"老师"本身可能并不合格，甚至根本不具备老师的本领。天然匮乏老师本领的第一任老师，怎么可能教育出优秀的学生呢？况且，不少"坏习惯""坏家风"会一代代无形地传下去，成为家庭教育的一大障碍源，这样的家庭无论物质财富多么富裕，都不可能教育出优秀的人才。

孩子素质的高低及人生发展的方向，与其接受的家庭教育息息相关。在我国，家庭教育自古有之，而且，古人也非常重视家教，特别重视品德教育，很早就有"格物—致知—正心—诚意—修身—齐家—治国—平天下"的教育理念。如今，家庭教育与学校教育、社会教育并称为"三大教育"。其中，家庭教育也称第一次教育，是一切教育的元基础（现代教育的基础）。

2022年1月1日，我国正式施行《中华人民共和国家庭教育促进法》，充分体现了国家对家庭教育的高度重视，也反映了当下家庭教育的紧迫性与艰巨性。

什么是家庭教育呢？《辞海》对其的定义："父母或其他长者在家里对儿童和青少年进行的教育。"

有观点认为，家庭教育是由家长塑造和营造一个适宜于子女成长的第一环境，通过第一环境对孩子进行熏陶、耳濡目染的持续性的教育。也有教育学家认为，家庭教育是家长有意识地通过自己的言传身教和家庭生活实践，对子女施以一定教育影响的社会活动。

要对"家庭教育"下一个准确的定义并不容易，不同时代有不同内涵。例如，过去，很多人认为，家庭教育是家庭内部的事情；今天，家庭教育则是关乎全社会的大事情。再如，过去，我们认为家庭教育是一个封闭系统；今天，它与学校教育、社会教育的联系越来越紧密，并共同形成现代教育生态系统。家庭教育内涵不断自我演进，标志着社会及人们对家庭教育认识的进步。

家庭教育从广义上可以理解为：家庭作为人生第一教育场所，在其中开展增进家人关系与完善家庭功能之各种教育活动，包括亲子教育、技能教育、两性教育、婚姻教育、伦理教育、家庭资源管理教育等方面。家庭教育作为一种相对独立的教育形态，既是学校教育与社会教育的元基础，又是学校教育与社会教育的补充与延续，更是一种终身教育，其核心是素质教育与品德教育，而这些教育具有学校教育和社会教育不可替代的特殊作用。

二、家庭教育的主要内容

家庭教育的内容较为广泛，既包括文明礼貌教育、公共道德教育、品德教育，也包括诚信教育、友爱教育等方面，其关键点是成人何以可能，其本质是充分发挥育人功能，从根本上培育孩子的意志、品德、性格、行为习惯与生活方式。

（一）文明礼貌教育

文明礼貌是人们在长时间的社会交往活动中，所形成的道德行为规范，它在社会生活中具有调节人际关系的作用。对孩子进行文明礼貌教育，着重要从三个方面入手：

1. 个人礼仪：包括个人仪容仪表、言行举止等方面。

2. 公共场所礼仪：如走路、乘车、问路、购物时，要保持良好形象，自觉保持环境卫生整洁，爱护公共设施等方面。

3. 待客和做客的礼仪：如尊重别人、关心别人，待人要诚恳。

（二）公共道德教育

公共道德是社会人必须自觉遵循的基本规范，即人在公共场合的行为规范，其中包括但不限于遵守规则、遵纪守法、文明礼貌、爱护公物、爱护环境等方面。例如，遵守公共秩序、讲究卫生、爱护公共设施、反对环境污染等方面。最好的公共道德教育方式是现场教育，这样更有助于培育孩子良好的社会公德意识和行为。

（三）品德教育

品德是成人的第一要素，也是做人的基本原则，还是检验人才的第一尺度。广义的品德教育，包括政治品质、法制品质、思想品质和道德品质的教育。狭义的品德教育，是指道德品质的教育，也就是将符合社会道德要求的观念和行为规范转化为孩子的思想意识、态度和行为的教育。

对孩子进行品德教育，最好要结合日常事例，以及孩子的心理特点进行，避免空洞说教。另外，父母要以身作则，时时、处处、事事严格要求自己，成为孩子的好榜样。

（四）诚信教育

诚信是人品的基石，也是进入社会的通行证。从学龄前期开始，就要注意培养孩子的诚实品格。对孩子进行诚信教育，要特别注意这几个方面：

1. 对待师长、同学和朋友赤诚相见，表里如一，言而有信。

2. 对学习，知之为知之，不知为不知。

3. 言行一致，讲真话，不说谎，犯了错误，要敢于承认；并且，善于改正错误，汲取教训，不再重犯。

另外，要注意营造诚恳互信的家庭氛围，增大包容性。因为从小受到尊重、信任的孩子，会更加懂得如何去尊重、信任别人，以及如何得到他人的信任。

（五）友爱教育

朋友是社会人的压舱石。交友是一门学问，也是最难的一门学问。孩子的成长需要父爱、母爱、长辈们的爱，也需要自爱与友爱。从小培养孩子团结友爱的意识，有助于其在生活与学习中形成良好的人际关系。友爱教育的内容主要包括：

1. 不打人、不骂人，学会与小同伴友好相处，当与他人发生争执时，要懂得协商解决。

2. 理解他人的需要和情感，信任和尊重同伴，并愿意帮助同伴克服困难。

3. 学习同伴的优点，不嘲笑他人的缺陷或过失。

4. 尊重他人，帮助他人。特别是当他人处于困难之际，给予援手，犹如雪中送炭。

（六）同情心教育

同情心是一种高尚的道德情感，是指对他人的需要、欲求和愿望的理解，对他人的困难或不幸的同情和怜悯。平时，家长应结合具体事例来培养孩子同情心。

1. 肯定鼓励孩子的同情行为

例如，当孩子想把一个摔断胳膊的小木偶带回家时，家长说"它太脏了，不能带回家"，拒绝孩子的请求。其实，对于孩子的这种同情心，家长要给予肯定和鼓励。

2. 引导孩子体会他人的感受

例如，当孩子和小朋友发生不愉快时，可以启发、引导孩子："如果是小朋友推倒了你，你会是什么感受？"家长要认真倾听孩子的想法，并给予合理的引导。

3. 教育孩子善待小动物

例如，多带孩子去动物园接触小动物，或者是让孩子在家里饲养一种小动物。平时，家长可以多给孩子讲一些拟人化的动物故事，让孩子对小动物产生一种好感。

4. 通过游戏培养孩子的同情心

平时，家长可以和孩子玩一些角色扮演的游戏，让孩子分别去扮演病人、医生、爸爸、妈妈等角色。比如，妈妈可以和孩子做"看病"的游戏，在游戏中，先后让孩子扮演病人和医生两种角色，让孩子体验一下病人生病时的痛苦，以及医生帮助别人时的快乐。类似这样的模拟游戏，有助于培养孩子的同情心。

（七）纪律教育

纪律是一种自律而非他律。遵守纪律不应该依靠外力，而应该是内心的自觉认可。

传统的纪律教育，就是让孩子听话，甚至用体罚或惩罚的方式来教育孩子。这种教育方式是不恰当的，也是后患无穷的。纪律教育是要让孩子从内心深处认识到什么该做、什么不该做，即形成自我评判标准，并有判断正误的能力，为自己行为负责。为此，家长要做到这几点：

1. 避免使用惩罚手段

体罚看似有效，其实最没有效果，甚至适得其反。多心平气和地和孩子讲道理，让他们认识到自己的哪些行为是对的，哪些是错的，一味惩罚只会强化孩子的逆反心理。

2. 以平等的姿态和孩子沟通

家长与小孩的平等性是家庭教育的一个难点，也是很多家长之所以不合格的一个根源。

如果孩子不听话，家长不应呵斥"你再不听话，看我不收拾你"，而要多和孩子进行平等沟通，与他们一起分析、解决遇到的问题。

3. 保持态度与行为的一致性

孩子的理解水平有限，如果家长在一件事情上反复无常，会让孩子不知所措。对待同一类问题，家长先后的态度要保持一致。例如，孩子每天都到处丢玩具，昨天还亲切地和孩子讲道理，并与他一起收拾玩具，今天就大发雷霆，那孩子就会纳闷："爸爸这是怎么了，我到底要怎么做才对？"

4. 给孩子一些选择的权利

尊重小孩要从给予选择权开始。不少家长都喜欢"听话"的孩子，认为孩子只要乖乖听自己的安排就是好孩子。也有些家长管理方式比较民主，习惯给孩子一些做选择的权利。相对而言，后者的方法更科学，更有助于孩子的健康成长。比如，平时讨论家庭事务时，要适当征求一下孩子的意见："你觉得这个建议如何？"或是"你有什么好的建议？"

（八）艰苦朴素教育

艰苦朴素是中华民族的传统美德，它有利于孩子健康成长和未来发展。家长要让孩子从小养成艰苦朴素的好习惯。

1. 家长以身作则

平时生活中，家长营造节俭的家庭生活氛围，用自己朴素的作风感染孩子，而避免让孩子贪图安逸；特别是富裕家庭往往容易陷入物质享受的陷阱，很难培育节俭的品德，更没有艰苦朴素的习惯。

2. 帮助孩子理解节俭的价值

多给孩子讲一些节俭方面的故事，让孩子明白节俭的意义与价值。

3. 让孩子养成节俭消费的习惯

比如，要教育孩子爱惜书本、文具，节约一张纸、一支铅笔、一块橡皮。

4. 教育孩子不要去攀比

多教育孩子比学习、比劳动、比品德，而不是比享受、比物质等。另外，家长要树立好榜样，不要在孩子面前表现出攀比的行为。

（九）勇敢教育

敢于接受压力又善于化解压力，是孩子成长的一大隘口，也是避免消极情绪的基石。如今，我国每年有高达 10 万青少年自杀，一个关键因素是匮乏勇敢的品德，中考、高考的巨大压力导致一个个悲剧重演。这一问题已成为严峻的社会问题，所有家长必须高度重视，从勇敢教育入手，从根本上增强孩子的意志与勇气：绝不怕任何压力，敢于战胜一切困难。

在当今普遍"4+2+1"的家庭中，孩子在家中会受到家人多重的保护，从而造成个性不够勇敢坚强。对孩子进行勇敢教育，家长可从以下几个方面入手：

1. 多让孩子独立活动

家长可以根据孩子的年龄和能力，鼓励孩子独立从事一些活动。这个过程中，孩子的意志力会不断提升，并且，逐渐减少对父母的依赖。比如，让孩子自己去收银台结账，或是主动向陌生人问路等。

2. 多给孩子锻炼的机会

特别是对于内向、胆小的孩子，更要多给他们一些锻炼的机会。比如，鼓励他主动去接触陌生的小朋友，不断扩大交际范围。再如，让孩子在新的环境中勇敢地表现自己。这都有助于提升孩子的自信心。

3. 多让孩子做些力所能及的事

比如，可以让孩子做一些家务，并不断增加难度，以增强其责任感。

4. 避免过分溺爱孩子

只有让孩子适当经历一些小的挫折与历练，才会让他们变得越来越勇敢、坚强。

家庭教育是现代教育体系的一个组成部分，也是当下社会的一大薄弱环节，是孩子成长道路上的一个制约因素。我们亟待提高家庭教育水平，并与学校教育、社会教育产生更高层面的战略协同效果。

从整体上看，除了上述内容外，家庭教育内容还应包括集体主义教育、爱国主义教育、人生观教育、幸福观教育等方面。我们要多维度培育孩子的道德品质，从根本上提高孩子的责任感。唯有责任感强的孩子，才有可能成为全社会最需要的优秀人才。

三、我国家庭教育的现状与问题

家庭教育的短板效应日益突出，已成为教育失败的根源之一，全社会也开始高度关注这个棘手问题。

为什么现在很多孩子学习成绩很好，但动手能力却不强？为什么有些孩子多才多艺，但心理素质很差？为什么有些孩子在学校是乖宝宝，在家里却是"小霸王"？究其根源，孩子身上的这些问题，很多是由不当的家庭教育带来的。不可否认，我国家庭教育指导服务体系尚不健全、家庭教育专业化力量较为薄弱，这也给我国的家庭教育带来了一些问题。主要体现在如下几个方面：

（一）家庭教育观念落后

如今，人们越来越重视对孩子的教育，但不少家长的教育观念并未与时俱进，其主要体现在如下三个方面：

1. 重智轻德

"成绩至上"有强烈的社会价值导向，也是孩子教育的一大拦路虎。家庭教育的重心往往放在提升学习成绩上，而忽略了最基本的知识技能训练及思想品德教育。长此以往，孩子就容易出现"智力超前，道德滞后"的现象。

2. 重视身体，忽视心理

身体健康重于心理健康是一个错误观念。如果只重视身体健康而忽视孩子的心理健康教育，长此以往，孩子会变得内向孤僻，在面对学业等方面的挫折时，会出现易怒、厌学、害怕考试等情绪。

3. 功利主义

追求功利成为人们的条件反射。功利至上论是家庭教育的一大陷阱，也是当下全社会普遍存在的一个大问题。有些家长把功利看得很重，在教育孩子方面唯分数论。他们一心希望孩子将来能考个好大学，毕业后找个好工作。所以，在孩子上幼儿园、小学时，就使其背上沉重的学习负担，除了学习各门文化课，还要让孩子练钢琴、学舞蹈、学绘画等。可以说，在这些孩子身上根本找不到童年的乐趣，少年的快乐。

（二）缺乏科学的教育方式

教育方式创新是家庭教育的本质所在。做好家庭教育，需要掌握一些教育学、心理学知识，而不能一味地沿用老的方法。常见的错误教育方式有这么几种：

1. 娇生惯养

自古雄才多磨难，从来纨绔少伟男。在很多家庭中，孩子就是"小皇帝""小公主"，所有家人都围着孩子转，孩子衣来伸手，饭来张口，导致孩子形成严重的依赖心理，并且任性、自私，缺乏责任心。

2. 过分纵容

宽容不等于纵容。纵容是良好家庭教育的一大死敌。

有的家长经常以"孩子还小"为由，对孩子的错误行为不加制止，如此纵容，随着孩子年龄的增加，后来可能发展为"想管也管不住"，甚至"不敢管"。

俗话说，没有规矩不成方圆。特别是对孩子的一些错误行为，不能不管不问，一定要及早纠正。

3. 拔苗助长

俗话说："欲速则不达。"一些家长以"为你好"为由，给孩子填鸭式灌输超纲的知识和技能，这种"期望"就变成了"强迫"。这种"拔苗助长"的教育方式，会给孩子的身心造成极大的负担。

4. 过度干涉

俗话说："严是爱，宽是害。"问题是这个"严"本身有严格的界限，绝不是任意加大其"严格度"，否则就会适得其反。

家长管得太多、太严，会让孩子失去自由，进而束缚其心智和个性的发展。孩子的自理、自我控制能力，也会因这种管束而无从发挥。

5. 缺乏民主

家庭教育的一个基础是家庭民主。尊重孩子是家庭民主的关键所在。

不少家长从小就被灌输"服从父母"的思想，现在，他们也用这种方式来要求孩子。作为家长，可以严格要求孩子，但是不能强迫孩子。要多和孩子商量，了解孩子的想法，并征求孩子的意见。

（三）教育方法简单粗暴

我国上千年的家庭教育有一流行说法："棍棒之下出孝子，慈母底下多败儿。"其实，这一说法也许在古代社会有一定的积极意义，但在现代社会，"棍棒教育"往往产生强烈的逆反心理。

现代社会奉行素质教育、科学教育，家长要学习和掌握正确的家教方法，避免采用简单粗暴的教育方式，否则会伤害孩子的自尊心，扭曲孩子的心灵。在平时，除了常见的"打骂"教育外，还有几种常见的简单粗暴的教育方式。

1. 教育方法简单

教育犹如种庄稼，必须在"顺其自然"中"因势利导"，才有可能硕果累累。

有些家长不了解孩子各个成长阶段的生理和心理特点，人云亦云，拿来就用，亦或一味地用"别人家"的孩子来对比自己的孩子，忽视自家孩子的优点。

2. 教育内容贫乏

教育是人类最伟大也最艰巨的事业，最需要创新教育方式与教育内容，随着时代的进步而进步，不断创造新的教育成果。

在现实中，大多数家长没有掌握相应的家庭教育知识，这是导致家庭教育内容贫乏的主要原因之一。除此之外，相对于孩子的品德、心理等教育，家长更注重孩子的学习成绩，这也导致家庭教育的内容较单一，不利于孩子能力、人格的培养。

3. 教养环境不良

环境决定人，人又改变环境。环境与人的共生关系是家庭教育的哲学理论基础。

在家庭教育中，教养环境至关重要，它会深刻、持久地影响着孩子的成长。例如，有的家庭婚姻不幸或是家庭不完整，孩子感受不到家庭的温暖，从而影响孩子身心的健康成长；抑或是父母的家庭教育意识淡薄、文化水平与素质较低，不能对孩子进行正确的管教。

家庭教育中存在的诸多问题，根本原因在于家长。所以，要想提升家庭教育水平，首先要提升家长的认知水平，并使其掌握一套科学的教育方法。这样，才有助于孩子的健康成长与良好个性的塑造，才能让家庭教育更好地适应并促进现代学校教育。

第二节　家庭教育的目标及发展

一、家庭教育的目标和基本特征

（一）家庭教育的目标

目标决定方向，目标产生动力。家庭教育的目标犹如大海中的北斗导航一样。如果家庭教育没有目标，即便付出再多的努力，也难以取得良好的效果。家庭教育的实质是把孩子培养成为什么样人的问题，它是家庭教育的指导思想、出发点和归宿。虽然每个家庭确定的具体目标并不相同，但归纳起来，不外乎如下几类：

1. 良好习惯教育

著名的教育家叶圣陶说过："什么是教育？简单一句话，就是要培养良好的习惯。"教育的一个根本目标，是帮助孩子养成良好的学习、行为、习劳、思维、德行等习惯。行为习惯的养成，是一个循序渐进的自然过程，在这一自然过程中，家长教育孩子时一定要考虑孩子的年龄特点和实际心智发展水平。

2. 积极语言教育

积极语言是点亮生命的光，它带给人希望，让人更加自信，也对未来充满信心。在家庭教育中，孩子遇到问题或困难时，父母要多用积极的语言引导、鼓励孩子，给孩子以自信与勇气。在这种家庭环境中长大的孩子，思维更开阔，且善于表达积极的观点。反之，经常被嘲讽、挖苦的孩子，其内心往往比较敏感，自尊心极强而且做事情时，更在意别人的看法，放不开手脚。

3. 正面思维教育

任何时代、任何社会都有其正面因素和负面因素、积极因素和消极因素。家庭教育的一个关键点是正面灌输积极的阳光的价值观与事业观，增强抵御任何消极因素的能力。

孩子的思维方式会影响其对一件事情的解读，同时也影响他的行为模式。拥有正面思维的孩子快乐阳光，经常可以看到事情积极的一面。在家庭教育中，家长一定要帮助孩子养成积极正向的思维习惯，例如，常用正向发问的方式启发孩子的思考，让孩子看到事情积极的一面。

4. 乐观性格教育

孩子的所有幸福和快乐，都源于积极的心态。家庭教育成败的一个关键，即是否能够通过家长的心态、语言、行为等来挖掘孩子积极的个性品质，塑造孩子乐观的性格。为了培养孩子乐观性格，在日常生活中，家长不但要表现出积极向上的生活态度，而且要善于营造快乐、和睦的家庭氛围，并使孩子愉快地参与家庭中的日常活动。另外，要丰富孩子的精神世界，多带其外出参观、访友、逛书店等。

总之，家庭教育的共性与个性的关系是家庭教育方式的创新之源，具有普遍性与特殊性。家庭教育是为了培养一个正常的、全面发展的社会人，而非一个片面的"与别人不一样的孩子"。这样，孩子将来才能在社会上找到适合自己的位置，并成就自我。

（二）家庭教育的基本特征

家庭教育具有学校教育根本没有的优势与条件，也必然有其独特的本质规定性，最大的特征就是"养"与"育"的有机结合——父母身份的"二重性"，即"家长"与"老师"的内在结合（父母自身的一次素质飞跃），将亲情的"天然性"顺势转化为教育的"亲和力"，将教育融入日常生活之中，使之成为学校教育和社会教育的有益补充，并形成稳定的"三角形"教育结构。

家庭教育与学校教育有着根本的不同，家庭教育可以很好地弥补学校教育的短板。其在实践中表现出如下几种不同于学校教育的明显特征。

1. 启蒙性

"蒙"是人的原始状态。蒙，上草下冢。冢是高地，高地被草木蒙蔽，引申为蒙发、蒙蔽，幼稚、蒙昧。

启蒙是人生第一使命。启蒙性是家庭教育最为突出特征。常言道："父母是孩子的第一任老师。"孩子养成的每一种习惯，都与家庭教育息息相关，可以说，家庭教育的好坏会影响孩子的一生。早期，孩子模糊的世界观与价值观的形成，源于家庭教育。在之后的成长过程中，当他遇到新的价值观时，他会将其与头脑中已形成的观念进行比较，进而做出选择，或是秉持旧观念，或是接受新价值观。从这个意义上说，家庭教育对孩子价值观的形成具有启蒙性。

2. 感染性

习惯是第二自然。家庭之所以必然成为最佳的教育基地，是因为日常生活的感染正是习惯养成的天然条件。

在家庭教育中，感染性更多地体现在情感、言行方面。例如，家长的喜怒哀乐，也会传递给孩子，并与其产生共鸣；家长的兴趣爱好，也会潜移默化地影响子女的一些行为。要让自己的言行对子女产生积极的影响，家长先要树立正确的教育思想，要有健康的情感。古人早已认识到了这一点。北齐颜之推在其作品《颜氏家训》中提出："夫同言而信，信其所亲；同命而行，行其所服。禁童子之暴谑，则师友之诫，不如傅婢之指挥；止凡人之斗阋，则尧舜之道，不如寡妻之诲谕。"意思是说：同样的话，人们往往更相信与自己关系密切、感情亲近的人所说的；同样的指令，大家会服从自己心目中有威信的人所发出的。所以，在教育子女时，父母一定要做好表率。

3. 及时性

萌芽状态的任何问题都是最好解决的。家庭教育的一大优势就是能够及时发现问题源。

在学校，老师要同时面对几十个孩子，用在每个孩子身上的时间与精力非常有限，许多时候，只能针对孩子们的共性进行教育。而父母与孩子朝夕相处，能及时发展孩子的问题，并进行有针对性的教育，不让问题累积，这一点是学校教育无法比拟的。

4. 权威性

让孩子崇拜的父母一定最有成就感，而这一崇拜必然来自父母自身的权威性。

家庭教育的权威性，指的是家长在孩子身上所体现出来的权力与威慑力。在一个家庭中，子女在伦理道德和物质生活的需求方面对家长有较大的依赖性，这决定了家长对孩子有一定的制约能力，因此，家长的教育易于被孩子接受和服从。如果家长能够合理利用这一特点，对孩子良好品德和行为习惯的养成是大有益处的。当然，家长在体现权威性时，不可以一味靠压制、强求。

5. 终身性

相较于社会与学校教育，家庭教育更具有终身性。从孩子出生那一刻起，父母就陪伴在其左右，看着他一天天长大，所以他们能够全方位地"读懂"孩子，持续地观察孩子的优缺点，并适时进行教育。家庭教育的影响不会随着孩子年龄的增长而消失，而是会影响孩子的一生。

除此之外，家庭教育还具有科学、不可替代等特性。在实际教育中，家长要客观、理性地看待家庭教育，以增强家庭教育的有效性和针对性。

二、家庭教育的发展趋势

在瞬息万变的信息时代，家庭教育的传统概念和内涵也在不断发生着变化，并不断呈现出新的发展趋势。概括起来，家庭教育未来的发展趋势体现在如下几个方面：

（一）社会地位不断提高

与传统的学校教育相比，家庭教育在很长一段时间都处于自发状态。近些年来社会经济快速发展，人们的家庭可支配收入越来越多。与此同时，随着家庭教育观念深入人心，人们比以往任何时候都更注重孩子的家庭教育，并为此投入更多的财力、时间、精力。可以预见，作为国民教育的一个重要组成部分，家庭教育的社会地位会越来越高。

（二）政府承担更多职责

在很长一段时间内，家庭教育主要在私人领域中进行，既不是一种职业，也谈不上专业。如今，家庭教育越来越重要，开始从私人领域走向社会公共领域，成为现代教育的重要组成部分，政府在支持促进家庭教育方面承担的公共职责也越来越大。《中华人民共和国家庭教育促进法》第四条规定："未成年人的父母或者其他监护人负责实施家庭教育。国家和社会为家庭教育提供指导、支持和服务。"这就从法律上规范了各级政府在家庭教育中必须履行的法定职责。

（三）教育方法更加科学化

未来，将有更多的专家、学者投身家教研究，他们将提出系统的家教理论和家教方法，社会上将出现更多以家教为职业的人员和公司，家教科学将逐步普及，家长们可以随时向专家请教，以解决家庭教育中出现的问题。科学的家教方法不但有助于孩子的身心发展，也有助于形成和睦的家庭关系。

（四）教育内容更加全面

传统观念认为，家庭教育就是教育孩子在学校里要听老师的话，认真学习；在家里要听家长的话，帮助家长做家务；在社会上要诚实，真诚待人，与人和睦相处；养成良好的生活习惯等。其实家庭教育涵盖的内容很多，涉及诸如思想品德教育、学校功课辅导、兴趣特长的培养、生活指导、身体素质锻炼、心理健康问题等。未来，家庭教育的内容将会在此基础上极大丰富。

（五）教育模式更为开放

未来，家庭教育不再局限于家庭这一场所，将更多地通过各种线上渠道，以及公园、展览馆、图书馆、商店、企业、田园等线下场所为孩子提供学习及感受生活的机会，以促进孩子的健康成长。与此同时，家长之间、家长与教师之间、家长与家教专家之间，探讨家庭教育问题也将变得非常普遍。

总的来说，要提升家庭教育水平，父母不但要掌握专业的家庭教育知识和方法，也要把握好家庭教育的发展趋势，自我创新最适合孩子教育的新机制，在"刚"与"柔"之间寻找最佳的结合点，采取灵活机动的教育方法，有针对性地解决具体问题，并形成高效精准的教育模式。如此才能更好地做出规划，引领孩子健康成长。

第二章

儿童发展特点与关键能力培养

第一节　0~6岁儿童的发展特点与关键能力培养

一、0~6岁儿童生理发展的特点

（一）婴儿期（0~1岁）生长发育特点

0~1岁的儿童属于婴儿期，在这一时期，儿童的生长发育最为迅速。

1. 体重和身高

体重与身高是衡量婴儿生长发育水平的两个主要指标。通常，婴儿出生时的体重为3000克左右。在前三个月，每个月平均增加800~1000克；接下来三个月，每月增加600~800克；之后，每月平均增加300克左右。

有两个估算婴儿体重的公式：

出生后1~6个月体重（克）=出生时体重（克）+月龄×800（克）

出生后7~12个月体重（克）=出生时体重（克）+6×800（克）+（月龄−6）×250（克）

婴儿刚出生时，身高50厘米左右，第一年平均增加25厘米，1周岁为75厘米左右。儿童身高受遗传影响较为明显，受营养的短期影响不明显，但长期的营养不良会影响身高的增长。

17

2. 大脑和神经系统的发育

胎儿大脑从胚胎形成就开始发育。从胚胎形成到出生后 24 个月这段时间，属于大脑发育的黄金期。婴儿出生后，大脑可达 400 克左右，约是成人脑重量的 25%，而这时的体重却只有成人的 5% 左右。婴儿出生后第一年，脑重量增长最快，6 个月便能达到 700 克左右，1 岁时可达 900 克左右，约为成人的 60%。由此可见，婴儿的大脑发育速度远远超过其身体发育速度。

这一时期，婴儿的神经系统，尤其是脑的结构和功能迅速发展和完善，为婴儿心理和行为的发展提供了生理基础。

3. 动作的发展

婴儿做出的各种动作，是在脑和神经系统、骨骼肌肉控制下进行的。所以，婴儿动作的发展与其身体、大脑和神经系统的发展是密切相关的。婴儿的主要动作为手的抓握，以及尝试独立行走。其发展规律是：从整体动作到分化动作，从上部动作到下部动作，从大肌肉动作到小肌肉动作。

（二）幼儿期（1~3 岁）生长发育特点

1~3 岁是儿童生长发育的又一个关键时期。这是其接受学前教育前的一个阶段，因此，3 岁前的儿童也称为先学前儿童。这一时期的儿童生长发育表现出如下特点：

1. 身体发育迅速

1~3 岁的儿童，身长几乎是出生时的一倍，体重是出生时的四倍左右。虽然骨骼还没有完全硬化，耐劳力较差，但是与婴儿期相比，耐劳程度有所增加，可以完成一些基本的活动。如蹦跳、攀登滑梯、上下楼梯、横走后退、越过障碍等。

2. 脑重大幅增加

1~3 岁儿童的脑重量为 1000 克左右，增加的速度仅次于婴儿期，与成人的脑重相比，相差 400 克左右。这一时期的儿童的大脑机能获得进一步发展，所以他们可以进行较长时间的活动和游戏，并能在父母的指示下完成一些动作。然而，由于大脑中兴奋和抑制两种力量尚不平衡，故其活动经常会表现出不稳定性。比如，孩子嘴里正说着一个玩具，眼睛却会被另一个有趣的东西所吸引。

3. 动作越来越复杂

这个年龄的儿童，双手的动作也越来越复杂，不但可以抓、捧，还能从盒子里取东西，或是把一些物品搬来搬去。通过这些活动，不但能扩大认知范围，而且有助于发展感知觉和具体思维的能力，这些对其心理发展具有重要意义。

(三) 学龄前期（3~6岁）生长发育特点

3~6岁是孩子身心发育的一个黄金时期，因为这一年龄段的孩子，其智力与身体都在飞速发展。具体来说，其生长发育会表现出如下特点：

1. 身体比例逐渐趋于成人

3~6岁的儿童，其身高每年增长5~7cm，而体重每年只增加1.5~2千克，整体表现为：身躯和手脚变长，身体比例稳定地趋向成人的比例。体重的增速较之前有所下降，是因为其活动量越来越大，体内的热量消耗相对增多，所以，皮下脂肪减少身体开始变瘦。

2. 脑功能发育越来越完善

3~6岁的孩子脑功能发育更加完善，脑重量增速较快，在5岁时，便能达到成人脑重量的90%左右。同时，随着脑机能的进一步发展，兴奋和抑制机能持续增强，但两者之间依旧不平衡，兴奋大于抑制，且条件反射建立得较快。在神经系统方面，3~4岁时发展缓慢，到了6岁，神经系统可发育到90%，至20岁发育完整。

3. 骨骼与肌肉

这一年龄段的孩子骨骼的硬度较低，容易变形。与此同时，肌肉发育速度较快，但是由于肌纤维的力量承受能力有限，所以运动时经常会感到疲劳。

4. 运动机能进一步发展

3~4岁的儿童，其大肌肉发育速度较快，能够逐渐自然地、有节奏地行走，并可以做一些更为灵活的动作。4~5岁时，股肉得到进一步发育，动作的灵活度与质量更高，且可以持续较长的时间。5~6岁时，随着运动机能的进一步发展，儿童动作的灵活性、控制能力进一步增强，甚至能够做一些较复杂的技巧性动作。

二、0~6 岁儿童认知发展的特点

（一）婴儿认知的发展

瑞士心理学家皮亚杰将儿童认知发展划分为四个主要的阶段。其中，第一阶段是感知运算阶段，即从出生到 2 岁这段时期。这里的"运算"不是数学和逻辑的运算，而是认知的一种内部的基本过程。

这个时期的儿童主要通过器官感知来认识世界，通过手抓、吮吸来探索周围的事物，从而获得经验。当然，这种感知觉的发展不是被动的过程，而是主动的、有选择性的心理过程。在婴儿期的不同阶段，孩子的认知发展会表现出不同的特点：

第一阶段（出生后 1 个月），新生儿有记忆的能力，他们能对外界的刺激产生反应性行为，条件反射的形成即为学习的开端。

第二阶段（1~4 个月），婴幼儿出现初级循环反应，他们喜欢重复一些偶然发生的动作，比如吮吸。

第三阶段（4~8 个月），开始将循环反应扩展到自身以外的事物，比如，用脚去踢一件已经抓过的玩具，但不会碰一件从未见过的新玩具。

第四阶段（8~12 个月），能够有目的地做一些动作，比如，为了拿到毛绒玩具，会先把障碍物移开。

第五阶段（12~18 个月），婴幼儿不满足重复一个动作，而是会探索通过改变动作会发生什么。

婴儿期是个体感知觉发展的最重要和最迅速的时期，同时，还是对儿童感知能力发展进行干预和训练的最宝贵时期。

（二）幼儿及学龄前儿童认知的发展

按照皮亚杰认知发展的四阶段理论，2~7 岁儿童的认知处于前运算阶段，又叫前逻辑阶段。在这一阶段，孩子的认知的发展会表现出如下特点：

1. 喜欢以自我为中心

幼儿的自我中心现象，是皮亚杰通过著名的"三山实验"发现的。他认为，幼儿在进行判断时是以自我为中心的，他们缺乏观点采用与选择能力，不能从他人的立场出发，而是以自己的感受和想法取代他人的感受和想法。即认为自己喜欢的，别人一定喜欢，习惯将自己的想法强加于其他人。

2. 求知欲强，好学好问

这个年龄段的孩子好奇心较强，不再满足于了解表面现象，而对探索事物背后的原因更感兴趣。即，他们会表现出强烈的求知欲和认识事物的兴趣。因此，他们经常会提各种各样的问题。比如，他们会问："哪个是好人？哪个是坏人？"当被告知"A 是好人，B 是坏人"，他们又会问："为什么说他是好人？"

3. 抽象能力开始萌芽

在这一时期幼儿不再满足于事物的表面和形象关系，他们开始对事物的内在关联和本质特征进行探索，初步的抽象逻辑思维开始萌芽。幼儿已能够对事物进行分类，有了初步的顺序概念，能对事物的关系做出判断并正确排出顺序。比如，给他们看几幅有情节的故事图，即便图的顺序被打乱，他们依然能够做出正确的判断。

4. 开始掌握认知方法

这个阶段的儿童能够有意地控制和调节心理活动，在认知活动方面，无论是观察、注意、记忆，还是思维、想象等，都有了一定的方法。如看漫画读本时，他们不再是随机地看，而是会按照一定顺序看。在记忆一些东西时，他们也会采取一定的方法。比如，在描述"兔子长得什么样子"时，他们会捕捉突出的、典型的特点，即"兔子的长耳朵"。

5. 有意想象日益丰富

想象，即人脑对已有表象进行加工整合而形成新形象的心理过程。和成人一样，幼儿也富有想象，但他们的想象又与其他年龄阶段的孩子不同。常常没有自己预定的目的，即进行所谓的"无意想象"，这种想象是在感知动作的基础上产生的。比如，在游戏中，无意想象时常随玩具的出现而产生。假如没有玩具，幼儿便不会产生想象活动。随着语言能力的发展，在一些词语的指导下，有意识、有目的的有意想象会逐渐出现。之后，随着知识经验的积累，观察能力的提升，其想象力会越来越丰富。

从整体上看，这个年龄段的儿童，其认知发展具有由近及远、由表及里、由片面到比较全面、由浅入深的特征。

三、0～6岁儿童心理发展的特点

（一）婴儿气质和情绪的发展

如今，越来越多的家长与发展心理学家都比较重视婴儿的气质、基本情绪的发展。气质是婴儿出生后最早表现出来的一种较为明显而稳定的个人特征，被认为是个性形成的基础。情绪是由多种成分构成的：首先，它总是与某一个情结相关的诱发事件有关；其次，它总伴随着生理的唤醒；再次，它还包括经验的成分。另外，情绪还包括了外在表情动作的变化。

1. 婴儿气质的发展

婴儿期气质类型的发展，直接决定了长大后的个性特征。心理学家按照婴儿对活动的倾向性和行为特征，将气质划分为情绪性、活动性、冲动性和社交性等几种类型。

（1）情绪性。情绪反应突出，负面情绪占多数，多表现为悲伤、恐惧、愤怒。这种气质类型的婴儿长大后的个性特征是：多愁善感、优柔寡断、怨天尤人、悲观消极、感情脆弱、心理承受力差。

（2）活动性。表现为积极探索周围环境，乐于从事运动性游戏，喜欢参与富有刺激性、探索性和挑战性的活动。这种气质类型的婴儿长大后的个性特征是：活泼好动、思维敏捷、洒脱豁达、富有创新和探索精神。

（3）冲动性。情绪反应强烈，容易冲动，不稳定而且多变，缺乏对情绪和行为的自我控制。这种气质类型的婴儿长大后的个性特征是：脾气暴躁、易怒、攻击性强，易动感情但不稳定。

（4）社交性。具有强烈的社会交往冲动，积极主动与他人接触和交流，与人交往很容易变得"自来熟"。这种气质类型的婴儿长大后的个性特征是：精力旺盛、热情好客、爱交际。

婴儿会形成怎样的气质类型，取决于两个因素：一是不可控性因素，二是可控性因素。不可控性因素包含遗传因素，可控性因素包含胎教、母亲自身的气质类型，以及出生后父母的抚养方式和互动模式等。

2. 婴儿情绪的发展

情绪是婴儿先天具备的反应能力，由生理需要与机体内外某些适宜和不适宜的刺激引起。比如，当他饿了、渴了、身体不舒适了，就会自发性地哭泣；身体处于适宜状态时，他就会自发性地微笑。随着不断成长，婴儿会有选择性地笑和主动性地哭。比如，对熟悉的、和蔼友善的人笑，对陌生和不友善的人不但不笑，还有可能哭；当心理和生理需求得不到满足时就会哭。

婴儿不仅具有表达情绪的能力，还具有识别他人情绪的能力。比如，婴儿在看到别人发怒时，会表现出不安。另外，他们会通过微笑来与他人进行交流，以引起对方的积极回应。

综上所述，家长要想培养孩子的情绪管理能力，让孩子成长为一个高情商的人，一定要从婴幼儿期就开始多与宝宝互动，了解他的气质类型，及时察觉、正确理解、回应、安抚和分享孩子的各种情绪，从而使孩子及时化解、释放掉不良情绪，以免积累到学龄期、青春期。

（二）幼儿及学龄前儿童个性和社会性的发展

孩子刚出生时，是一个生物个体，从其身上感受不到个性和社会性。个性的初步形成是从幼儿期开始的，这时社会性也有了进一步的发展。幼儿个性与社会性的发展过程大致如下：

1. 独立性开始出现

2岁左右，孩子变得不再像过去那么顺从，这说明孩子独立性开始出现。独立性的出现是学龄前儿童心理发展非常重要的一步，是人生心理发展成就的集中表现，也标志着孩子的自我意识开始出现。这一时期幼儿知道"我"和他人的区别，心理水平有了很大的提高。

2. 生活圈不断扩大

3 岁之后，孩子开始进入一个新的社会环境——幼儿园。他们的活动环境从只和亲人接触的小范围扩大到有更多老师、同伴的大范围。同时由于他们活动能力的提高，加之他们的语言能力已基本发展起来，能够与别人进行初步的交流，这使他们的认知能力、生活能力，以及人际交往能力都得以迅速发展。

3. 开始能够遵守规则

4~5 岁的学龄前儿童已经能够在日常生活中遵守一定的行为规范和生活规则。比如，不在室内大喊大叫、打闹，放学时会自觉排队，平时不乱扔东西等。在进行集体活动时，能初步遵守集体活动规则，如认真听别人讲话，不随便插嘴，发言举手等。

在游戏中，4~5 岁的学龄前儿童已能理解一些游戏规则，并能初步遵守以及在一定程度上能做到不破坏游戏规则。学龄前儿童规则意识的建立，不仅有助于学龄前儿童开展合作游戏和提高游戏水平，还有助于他们社会性的发展。

4. 个性初具雏形

5~6 岁的学龄前儿童已对事物有了自己比较稳定的态度。能够在一定程度上克制情绪，情绪变化比以前要小得多。遇到不愉快的事情，会长时间闷闷不乐，但不会大声哭闹。另外，他们也开始学会思考自己的一些行为。比如，老师说"大家吃饭时，不要把菜汤洒在桌子上"，孩子为了有好的表现，吃饭时会非常注意。总之，5~6 岁学龄前儿童的个性已经开始形成，但其仍处于初步形成时期，可塑性还相当大。

四、0~6 岁关键能力培养

（一）智力培养

美国著名心理学家布鲁姆通过研究得出：如果将孩子 17 岁时的智能发

展水平定为 100 的话，那孩子在 3 岁时可以达到 50！因此，孩子的智力要从小培养，并把握好各项智能发育的"关键期"。

1. 自主进食关键期

这一时期为出生后 6 个月左右。在保证安全的前提下，家长可以让孩子独自体验使用餐具的乐趣，并帮助他分辨食物的种类、颜色、形状、味道等。例如，如何使用勺子，如何咀嚼食物等。孩子经过亲身体验，不但掌握了使用餐具的技能，而且也慢慢了解了更多食物，以及它们之间的关系，在这一过程中，孩子的大脑会得到更多的刺激和发展。

2. 数学启蒙关键期

这一时期为 2~3 岁。在平时的玩耍与学习中，孩子可以练习数学启蒙的逻辑能力和运算能力。比如，家长可以在亲子游戏中配合使用玩具设计场景，进行按物点数、按数点物、说出总数、比较两组物品多少等；一家人在用餐前，让孩子根据人数去取餐具；抑或引导孩子对物品进行形状识别、找不同，以探索不同物品之间的联系和规律等。

3. 口语发展关键期

2~3 岁是口语发展的关键时期。这时，即便孩子还不会讲话，家长也能与其交流。例如，在孩子看绘本时，家长可以讲给他听，并仔细观察孩子的反应，看他的兴趣点在哪里，然后再引导他去探索。这样，孩子无形中会将家长的语言输入，逐渐内化为自己的口头语言，进而形成自己与他人的交流方式。

4. 学习规则、建立界限关键期

2 岁以后，孩子的自我意识快速发展，这时，孩子需要学习外界规则。在学习规则的同时，孩子会慢慢建立起自己的心理界限，即知道哪些事能做，哪些事不能做，一旦做了"不该做"的事，自己要受到什么样的惩罚。当孩子心中有了明确的心理界限，他们就会更加清楚：哪些做法是安全的，哪些是不安全的。此时，家长要进行适当的引导，特别是在孩子感到困惑时，要与他一起探讨：问题出在哪里？应该怎么做？为什么要这么做？

5. 社会性能力形成关键期

在 3~6 岁这一时期，孩子的社会性能力逐渐形成。社会性能力直接影响着儿童在幼儿园的生活。例如，学习怎样加入伙伴现有的圈子，以及进入之后应该扮演怎样的角色；当与小伙伴产生矛盾时，应如何重归于好等。因此，在学龄前期，家长需要给孩子多多创设与小伙伴玩耍的环境，遇到孩子之间的矛盾冲突，尽量让孩子自己去处理。家长必须要介入时，应进行正面的、积极的引导。

孩子智力的高低与许多因素有关，但是，孩子智能的开发却和家庭教育有着密切的关系。有的孩子被认为天生数学逻辑思维好，有的孩子被认为天生空间感强，有的孩子似乎天生就善于交际。其实不然，这都与家长早期的智能培养密切相关。

（二）自我意识培养

拥有积极的自我意识，对于孩子来说，是心理健康发展的重要标志。孩子刚出生时，是没有自我概念的。在 1~2 岁这个年龄段，孩子的自我意识开始萌芽并发展。此时，他们已经能够意识到自我的与众不同。所以，家长在这个孩子自我意识形成与发展的关键时期，要有意识地培养其积极、健康的自我意识。

1. 为孩子创造独立的机会

在 1~2 岁时，孩子会表现出一种独立性倾向，有了自己的想法，要求自己做事。如，他们会积极、主动地探索自己成长的环境。但是，由于自身能力有限，孩子的独立行为常会被父母阻止。有的父母为了安全，不让孩子独立做事，对孩子的生活大包大揽。其实，这种做法让孩子失去了发现自我价值、肯定自我的机会，不利于孩子自信心及自理能力的培养。所以，家长该放手时要放手，让孩子自己去做一些力所能及的事情，如洗手、穿鞋、喝水等。在孩子自己做事的过程中，不但能体会到自我价值的实现，还能获得一种满足感。

2. 鼓励孩子多与小伙伴交往

同伴关系对孩子自我意识的形成有重要影响。随着孩子独立活动能力的增强，他们与小伙伴交往的愿望会越来越强烈。虽然孩子不知道如何与他人一起玩耍，但是，他会有意无意地观察和模仿小朋友的行为与表情。在与同伴玩耍的过程中，孩子会意识到自己与他人的不同之处，丰富自我认识。所以，家长要为孩子创造一些与同伴交往的机会，或为孩子介绍一些新的小伙伴。

3. 正确引导孩子"自我中心"的行为

在1岁半至2岁期间，孩子的自我中心的行为表现得尤为明显。这时，孩子虽离不开家长的陪护，但又经常不听话，或提出一些"无理"要求，一旦要求不被满足，就会大哭大闹。其实，这些行为都是孩子自我意识发展过程中的正常表现。因为，此时孩子独立的愿望非常强烈，但又分不清什么该做，什么不该做，所以会表现出一些"不听话"的行为。父母要意识到孩子自我意识发展的特征，对孩子的合理要求要尽量满足，使孩子获得爱与信任感。如果孩子提出不合理要求，可以"视而不见"，或转移其注意力。

4. 帮助孩子认知自我

孩子对自己的认识主要来自于环境，外界的刺激可以促进自我认识的形成。所以，家长要有意识地用多种方式让孩子了解自己的变化、意识到自己的成长。例如：经常问一下他们"喜欢什么，不喜欢什么，有什么爱好""什么事情会让你感到快乐、感到伤心"等。

通过培养婴幼儿的自我意识，可以促进其心智的发展，使其尽快摆脱混沌状态，逐渐耳聪目明，全面认识自己，增强自信心，产生自觉自控力。

（三）情商培养

"情商"（EQ）一词，最早由哈佛大学心理学教授戈尔曼提出，其在作品《情绪智力》一书中对"情商"做了定义：情商指一个人自我情绪管理及管理他人情绪能力的指数。戈尔曼认为，情商对一个人的职业生涯有重要影响。

婴幼儿时期，是儿童大脑发育的高峰期和黄金期，也是培养情商的关键时期。家长一定要抓住这个关键时期，采用正确的方法来塑造和提升孩子的情商。

家长该如何培养孩子的情商呢？主要有这么几个方法：

1. 建立安全型依恋关系

美国心理学家玛丽·艾斯沃斯通过"陌生情境实验"，对早期情感依恋方面进行了研究，并将婴儿和母亲关系划分为三种基本类型：安全型依恋、回避型依恋、反抗型依恋。

安全型依恋是指母亲对孩子关心、负责，体验到这种依恋的婴儿知道母亲的负责和亲切，即便母亲不在身边时也会这样想。安全型依恋婴儿一般比较快乐和自信。

回避型依恋主要表现为：妈妈不在身边时，孩子几乎没有探究行为，也没有明显的分离焦虑；妈妈返回时，孩子也不会表现得非常高兴。

反抗型依恋指孩子在陌生情境中难以主动进行探究行为，或者探究行为很少。并且在母亲离开后会表现得很焦虑，甚至母亲返回后，也很难抚慰其焦虑的情绪。这种类型的孩子对母亲缺乏信任。

培养安全型依恋关系，父母一定要及时回应孩子的各种身心需要，让孩子清楚：不管发生什么事，爸爸和妈妈都会陪在他身边。但是，及时回应不等于及时满足。及时满足是指父母马上满足孩子的需要，不利于培养孩子的忍耐力。

除此之外，积极关注也是培养安全型依恋的一种有效方式。积极关注是指父母对孩子的言行给予积极正面的关注和反馈，使孩子拥有正向价值观和内在前进的动力。

2. 帮助孩子正确认识自己

家长要帮助孩子正确认识自己，包括自己的优劣势、性格情绪、自我价值，等等。比如，夸奖孩子时，要让他知道自己哪里做得好，而不是简单的一句"你好棒"；孩子犯错了，要在用心聆听孩子真正的想法后，再去判断孩子的处理方式是否合适。

3. 多给孩子表现的机会

平时，要多给孩子表现的机会，让他去做一些力所能及的事情。例如，饭后让孩子帮着收拾餐具，并激励他说"你收拾得不错，谢谢你哟"；再如，全家外出聚餐时，可以按照年纪由大到小的顺序，让每个人都点一个菜，孩子也要认同并遵守这个规则。这样能够培养孩子的自主性，以及对家庭规则的认同感。

4. 多进行正面鼓励

不管处在顺境还是逆境，家长都要多给孩子正面鼓励。比如，孩子画的小狗很难看，不可以上来就说："你看人家丽丽，比你还小一岁，画的可比你好多了。"

正确的做法是：先要接受结果，再分析原因，然后给予积极鼓励。比如，可以说："这是你自己创作的，如果这里再画得弯一点，就更好了，不过，已经非常不错啦。"

在进行正面鼓励时，一定要把"不行"变为"行"，"不好"变为"好"，这样才能带给孩子前进的力量。

与智商相比，情商的遗传成分要少很多，主要受后天因素影响。因此，家长要从婴幼儿时期就开始注重孩子情商的培养。

(四) 语言培养

良好的语言表达能力，不但能体现孩子的逻辑思维，也有助于亲子交流。但是有些家长认为，孩子还小，只会咿咿呀呀，所以和他们说话没必要太认真。其实不然，婴幼儿从出生时开始，就会聆听各种声音，也会注意人们之间是怎样交流的，并从中获取语言信息。

语言的能力与大脑、听觉的发育等都有关。脑科学认为，0~6岁是公认的儿童脑发育及语言发育的关键期。孩子大脑潜能能开发到什么程度，主要取决于6岁以前父母对他的培养。

在家庭教育过程中，父母一定把握好提升孩子语言素养的关键期。这一关键期又可分为三个阶段，在不同的阶段，应运用不同的方法。

1. 敏感阶段（1岁以内）

年轻的父母应该知道：孩子在满月的时候，除了单纯的哭啼声外，还会夹杂着一些呜咽声。两个月之后，孩子会逐渐发出更多的声音。在4个月之后，会对周围的声音产生一定的反应。在 1 岁以前，大多数宝宝偶尔会发出一两个音节。因此孩子在 1 岁以内对声音较为敏感，处于语言培养的敏感时期。

在这一时期，家长关键要做好两件事：

一是多给孩子一些声音刺激。孩子处于语言敏感期，意味着孩子的语言获得能力较强，这时，家长给孩子一定的语言刺激，不仅能让孩子得到一些语言感知，而且还能使其感受到来自父母的爱。

二是多引导孩子进行发声练习。孩子对语言表达是非常感兴趣的。家长平时多引导孩子进行发声练习，这样会快速提升孩子的表达欲望与语言能力。

2. 启蒙阶段（2~3 岁）

2~3 岁的宝宝的行为容易受到周围环境的影响，这主要是因为他们已经拥有了一定模仿能力，而且自我意识、模仿意识都在不断增强。比如，父母经常和他们说话，他们就会尝试模仿父母的声音。

因此在这一阶段，要多在语言方面对孩子施加潜移默化的影响。要多给孩子讲故事，或与孩子一起看图画书，这样有助于为孩子营造一种良好的语言环境。

3. 发展阶段（4~6 岁）

在 4~6 岁这个阶段，孩子的主观意识会越来越强，他们在模仿的过程中，会慢慢形成自己的语气。在这个阶段，父母要多与孩子交流，同时通过看、摸、听、读等形式引导孩子，不断丰富孩子的词汇，并让孩子学会清晰地表达。

培养孩子的语言素养是一个循序渐进的过程。在这个过程中，父母一定要根据不同年龄段孩子的语言发育特点，进行有针对性的"输入"，并给予适当的反馈，如此孩子才会有越来越棒的"输出"。

（五）专注力培养

专注力也叫注意力，"注意"在心理学中的解释是：心理活动对一定对象的指向和集中。而"注意力"，便是形容我们这种"指向和集中"的能力。可见，专注力是一种能力。它有四大品质，分别是：稳定性、广度、分配性、转移性。

稳定性是指在一定时间内，个体比较稳定地把注意力集中于某一特定的对象与活动的能力。广度指在一定时间内注意力的容量。分配性是指一个人能把注意力平均分配于多种活动当中。转移性指一个人能够主动、及时、有目的地将注意力从一个对象转移到另一个对象上。

3~6岁是培养孩子专注力最佳的时间段。在此期间，家长可运用以下方法来培养孩子的专注力。

1. 为孩子建立作息时间表

为了培养孩子的专注力及时间观念，可以为孩子制订一个作息时间表，明确规定起床时间、吃饭时间、玩耍时间、睡觉时间等。

2. 营造安静的生活环境

家长平时要多为孩子营造安静的生活环境，另外，在孩子专注于某一件事情时，不要时不时去打扰。

3. 采用舒尔特训练法

舒尔特训练法是一种比较专业，且较为简单的训练方法。运用这种方法的前提是，孩子要有一定的数字概念，至少要认识100以内的数字。

具体方法如下：

在一张方形卡片上画25个1cm×1cm的方格。然后在格子内任意填写阿拉伯数字1~25，每个方格都要填写，且不能重复。训练时，让孩子用手指按1~25的顺序依次指出其位置，同时诵读出声，每天坚持5分钟左右，可有效提升孩子的专注力。

4. 让孩子解决一些小问题

让孩子解决问题，是培养其专注力的一个有效方法。比如，在孩子玩积木时，可以和孩子说："有没有办法用这些积木造一座拱桥？"然后让孩子动手去实现。在解决问题的过程中，孩子不但会理解一些新的概念，培养一些动作技能，而且也能了解事件的前因后果。

孩子的专注力不是一朝一夕能培养好的，家长在这个过程中不能求快。

同时，对孩子的每一点小进步，都要及时给予肯定和鼓励，对孩子的不足之处，要耐心地教导。

（六）自控力培养

20世纪70年代，在美国斯坦福大学附属幼儿园基地内，曾进行过一个著名实验：实验人员为每个4岁的孩子发一颗软糖，并告诉他们"可以吃"。同时又规定：假如现在吃掉的话，那么只能吃一颗软糖；如果等20分钟后再吃的话，就能吃到两颗。

随后，实验人员相继离开，留下孩子和软糖。实验人员通过暗中观察发现：

有些孩子只等了片刻就忍不住了，迫不及待地吃掉了软糖，实验人员将他们称为"不等者"；

有些孩子很有耐心，想出各种办法拖延时间，如闭上眼睛不看、头枕双臂、自言自语、唱歌或讲故事给自己听……结果痛苦地等待了20分钟，他们将其称为"延迟者"。

十几年后的追踪调查发现：

"不等者"多表示出孤僻、固执、易受挫、优柔寡断的人格倾向；

"延迟者"较多成为适应性强、具有一定冒险精神、自信、独立的青少年；

另外，"延迟者"在数学和语文成绩上比"不等者"要平均高出20分。

接下来几十年的跟踪观察也证明：那些有耐心等待吃两块糖果的孩子，事业更容易成功。

后来，不少家长得知这个实验后，便想着要把孩子培养成"延迟者"，要求孩子每天必须先做什么，后做什么，以为这样就是"延迟满足"了。

其实不然。心理学强调的"延迟满足"，是孩子在没有外界控制、约束、管制、监督的情况下，适当地控制自己的行为，抑制冲动，抵制诱惑，坚持不懈地保证预定目标的实现，这才是自控力的一种表现。

所以，家长要从小对孩子进行延迟满足训练，培养其自控力，而不是强制管束孩子不去做什么，或是必须先做什么后做什么。在对孩子进行自控力训练时，家长要特别注意以下几点：

1. 延迟满足方式不同，不能一概而论

宝宝刚出生的时候，饿了、渴了都会嗷嗷大哭。这时，父母可以一边安抚孩子，一边晚几秒给孩子喂奶喂水。这样做不但可以照顾到孩子的情绪表达，也可以让孩子从小学会等待，而不是一哭就得到满足。

等孩子两三岁时，需要也慢慢多起来，父母要学会先判断哪些属于合理需要，然后给予不同的延迟满足方式。比如，孩子喜欢一个玩具车，父母可以建议等他过生日时再买，这叫推迟满足时间。再如，孩子想要一辆平衡车，父母可以请他擦几次地板，然后再买，这叫付出努力换取。在等待的过程中，孩子学会了忍耐，也学会了珍惜。

2. 讲清楚延迟满足的理由

清楚地说明为什么要让孩子等待，理由要充分，有说服力，这样有助于孩子更加主动控制自己。例如，孩子想玩滑梯，可以说："滑梯是大家的，要排队玩，别人玩的时候，你得在边上等，等你玩的时候，别人也会等。"

3. 平静对待任性哭闹

有的孩子比较任性，一旦自己的要求不被父母满足，就会大哭大闹，甚至满地打滚。这时，父母不要轻易做出让步，要让孩子明白：有些东西并不是想要就能立刻得到的。如果孩子发现："哭闹"并不能让愿望实现，那他就只能改变态度，要么等待，要么付出某种努力。

4. 及时表扬优异的表现

当孩子开始主动地表现出延迟满足时，父母一定要及时表扬，使孩子觉得努力得到了认可，强化良好行为的再次出现。比如，孩子帮父母做家务，要表扬他是个"劳动小能手"，而不是说"你想让我买个玩具"。再如，当孩子愿意与其他小朋友轮流玩玩具时，要表扬他是个"懂礼貌的孩子"。

综上所述，"延迟满足"不是为了控制孩子，而是要让孩子有自控力。自控力强的孩子能从容地面对生活中的挑战，在压力面前，能够做出正确的选择。所以，培养孩子的自控力应该成为家庭教育的重点之一。

（七）规则意识培养

"不以规矩，不能成方圆"的道理每个父母都懂，但是，却经常忽略培养孩子的规则意识。一味地对孩子妥协和溺爱，不进行必要的规则约束，容易让自己在孩子面前失去威信。心理学家认为，0～6岁是孩子的规则意识养成最重要的时期，这个时候父母的一言一行都将对孩子产生深远的影响。

家长该如何培养孩子的规则意识呢？可以分如下三个阶段进行：

1. 秩序敏感期（1～2岁）：规则要合理，重点在于预防

孩子1岁以后，会慢慢表现出对秩序的敏感。例如，孩子会注意到生活起居的时间顺序，或物体摆放的空间等。这时，家长要满足孩子的秩序感，并利用秩序感建立初步的规则。

若孩子的秩序要求是合理的，不妨接纳他的情绪，并尽量满足他对秩序的要求。对于原则性的需求，如果不能够满足孩子，则需灵活变通，如可以通过转移注意力等方式来化解孩子的不良情绪。

这个阶段的规则意识主要集中在安全方面，比如不摸插线板、插座；不玩容易烧伤或烫伤的东西；禁止打人、踢人等伤害他人的行为等。

2. 规则敏感期（2～3岁）：开始叛逆，不能正面杠

孩子在2岁以后，会进入规则的敏感期，家长要有意识地帮孩子建立规则。不过，孩子同时也进入到第一个独立期，又称为叛逆期。这时孩子喜欢以自我为中心，动不动就会说"不"。父母越阻止的事情，他越想去做，惩罚对他的影响也是微乎其微。

这个阶段的规则意识主要集中在生活方面，包括自我照顾、礼貌行为等。比如在吃饭的时候，不能随便离开座位；玩完玩具要自己收拾；每天按时上床睡觉；做错事情或给别人带来不便要说"对不起"等。

3. 独立意识渐强（3～6岁）：理性地制定、执行规则

3岁以后，孩子会接触到更多的规则，开始了最初的社会化过程。随着其独立意识渐强，认知能力进一步发展，他们开始思考："为什么有这样或

那样的规则?"同时,也会不断地尝试,去试探规则的边界在哪里。

这个阶段的规则意识主要集中在集体生活和学习方面,包括社会交往、道德发展、集体秩序等。如不能抢别人的玩具;不能欺负小朋友;做个诚实的孩子,不要撒谎;尊重长辈,不能对家里老人大吼大叫;在幼儿园上厕所要排队,上完厕所要冲水等。

家长在培养孩子的规则意识时,最好先让孩子从遵守家庭规则做起。当孩子逐渐养成遵守家庭规则的意识时,也就容易自觉地遵守社会公共规则了。

(八) 认知能力培养

在孩子眼中,世界上的一切事物都是新鲜的,能看到的,听到的,接触到的,都能引发孩子强烈的好奇心。虽然他们不会表达,但是小脑袋里是满满的小问号:为什么晚上见不到太阳呢?为什么月亮有的时候是圆的,有的时候是弯的呢……这些小问题也体现出孩子强烈的求知欲。

心理学研究证明,在0~6岁这个阶段对孩子进行认知能力训练,效果最为明显。作为家长,在孩子启蒙认知的黄金期,要学会从以下几个方面入手,来训练孩子的认知能力。

1. 提升孩子的观察力

闲时要多带孩子走近大自然,引导孩子主动观察身边的世界,比如,"这种花是什么颜色""两种花瓣有什么不同"等,并对孩子的观察结果给予积极反馈,及时表扬。观察的时候,注意观察的顺序,比如从上到下、从左到右、从外到内等,家长可以用语言去引导这种观察顺序,很快,孩子就能自己进行有序观察。

2. 培养孩子多感官观察

让孩子通过多个感官通道来获取信息,如视觉、听觉、嗅觉等,以了解一个事物的不同方面。比如,一个生日蛋糕,可以让宝宝用眼睛判断颜色、形状,用嘴品尝味道,用手来感觉它的弹性等。

3. 培养孩子的动手能力

这个阶段的孩子的思维方式虽然已经从动作思维过渡到具体形象思维,

但是，动作与表象依然对其思维的萌发有重要促进作用，因此，家长要多培养孩子的动手操作能力。如，鼓励孩子自己刷牙，让孩子自己搓橡皮泥，或是与孩子一起动手完成拼图等。

4. 提升孩子的记忆力

婴儿从一出生就具有形成记忆的能力，并通过综合运用各种感官让自己产生记忆。那我们该如何提高孩子的记忆力呢？方法有很多种，比如，可以为幼儿提供形象、鲜明、生动、富有浓厚情绪色彩的识记材料；再如，给婴儿讲连续的童话，每天说到哪里，让他记住。下次讲的时候，可以问他昨天讲到了哪里，都讲了什么是内容等，看他是否记得。长期这样训练，可以有效提高婴儿的记忆力。

5. 增加孩子的阅读量

孩子的阅读能力有限，家长可以多给孩子准备一些动画书、卡片，或是通俗易懂的故事书、科普性读物等，并经常和孩子一起阅读、讨论，这样不但可以提升孩子的阅读量，也可以活跃孩子的思维。

6. 利用想象打开思路

想象力就如同智力活动的翅膀，它可以为逻辑思维的飞跃提供强大的推动力。因此，家长要善于用一些问题引导孩子，让他们打开思路，展开想象的翅膀。比如，当看到汽车圆圆的轮子时，可以让孩子想象一下，轮子还能用在什么地方。不论孩子的答案是什么，都不要觉得奇怪，更不能嘲笑孩子的创意，而应积极地鼓励与引导。

7. 培养孩子独立思考的习惯

独立思考能力是逻辑思维能力发展的关键。有些孩子一遇到棘手的问题，就想向老师或家长寻求现成答案。有的家长会把答案第一时间告诉孩子。其实，这不利培养孩子的独立思考能力与习惯。有效的做法是：不提前透露答案，先让孩子自己琢磨，并给予一些适当的引导，或是和孩子一起思考、讨论。

8. 培养孩子广泛的兴趣

幼儿时期，孩子会因为爱好而专注于某种事物或行为，长时间坚持有利于向质变的方向发展，并对孩子的身心发育有一定的帮助。家长在培养婴幼儿兴趣时，要把握好两点：一是要用自己的行动去影响孩子，比如，家长平时在孩子面前经常阅读，孩子就容易喜欢上阅读；二是让孩子多尝试，很多事情，只有让孩子亲身经历了，家长才知道孩子喜不喜欢，并从中观察孩子喜欢什么、擅长什么，然后再挖掘他的兴趣点。

（九）社会性发展培养

幼儿社会性发展是幼儿在学习与生活中不断增进社会认知，激发社会情感，认识和扮演简单的社会角色，学习社会行为技能的过程。0~6 岁是形成社会适应能力的关键时期，过了这个关键期，有些能力与情感将很难形成。

例如，1920 年在印度米德纳波尔地区发现的狼孩卡马拉，他被狼所养。人们费了很大的气力，用 2 年时间才教会他站立，用 6 年时间才教会他行走。直到他 16 岁去世时，仍然没有真正学会跑步和说话，不能理解人类的情感，更无法融入人类社会。

人从出生到长大的过程，是一个不断社会化的过程。一个人社会性发展水平越高，其社会适应性就越强。在家庭教育中，父母该如何正确培养孩子的社会化行为呢？

1. 多让孩子接触外界事物

现代心理学观点认为，6 岁以前是孩子大脑发育的"敏感期"，如果此时多让他们接触外面的世界，他们会有更多生命体验，对社会也会有更多认知。

2. 让孩子适应群体生活

鼓励孩子参加一些群体性的活动，让其体会群体活动的乐趣。比如，参加亲戚、朋友和同事间的聚会，以及适合幼儿参加的社区活动等，支持幼儿和不同群体的同伴一起游戏，丰富其群体活动的经验。另外，也可以带领孩子参观小学，体验小学有趣的活动，唤起他们对小学生活的好奇和向往，为入学做好心理准备。

3. 遵守基本的行为规范

孩子在 3~4 岁时，家长要多提醒他遵守游戏和公共场所的规则，如不能拿别人的东西，借别人的东西要归还，要爱护玩具和其他物品。在 4~5 岁时，要让孩子感受规则的意义，并能基本遵守，如"说谎是不对的""接受了任务就要努力完成"等。在 5~6 岁时，要结合社会生活实际，帮助孩子了解基本行为规则，学习自觉遵守规则。

4. 要提高孩子的"参与"能力

家长要给孩子提供让孩子在实践中增强"参与"能力的机会，比如，家里来了客人，要让孩子去拿些糖果、点心招待客人，鼓励孩子与客人交谈、提问、请教；再如，让孩子参与讨论家庭计划或节假日安排。当孩子讲得有道理时，家长要给予肯定与鼓励。

良好的社会交往能力对孩子来说非常重要。要想培养性格开朗、品德高尚、人格健全的孩子，家长一定要努力促进幼儿的社会性发展。

第二节　6~12 岁儿童的发展特点与关键能力培养

一、学龄期生理发展的特点

这里的"学龄期"，指 6~12 岁这个阶段。其中，10~12 岁属于青春期早期。学龄期的孩子处于生长发育旺盛期，生理发育会呈现如下一些特点。

1. 新陈代谢旺盛

新陈代谢包括同化作用和异化作用两个方面。人体从外界摄取营养物质，变为自己身体一部分，并且贮存了能量，这个过程叫同化作用。与此同时，身体的一部分物质不断氧化分解，释放出能量，并排出体外，这个过程叫异化作用。学龄期同化作用大于异化作用，所以，他们需要从外界摄取更多的营养物质，以保证正常生长的需要。

2. 身高体重快速增长

在 6~9 岁，体格发育大体上是平稳的，平均每年身高增长 4~5 厘米，体重平均年增长 2~4 千克。在 10 岁之后，随着青春期的到来，体格的发育会进入加速阶段。这一时期，男孩一般每年可增高7~9厘米，个别可长10~12厘米；女孩每年可增高5~7厘米，个别可长9~10厘米；体重每年可增长4~5千克，有的可增加8~10千克。

3. 骨骼弹性大、硬度小

6~9岁，儿童的长骨的生长速度相较于肌肉的生长速度要快一些，因此儿童时常会感到"生长疼痛"。另外，这时的骨骼虽比幼儿期更加坚硬，但是石灰质较少，胶质较多，且富有弹性，故骨骼比较容易变形、脱臼。10岁之后，体格进入快速增长时期，手、脚及上下肢的生长速度明显加快，体态看上去会有些不协调。

4. 乳牙改换为恒牙

通常在6岁左右，儿童开始长出恒牙。最先萌出的恒牙是第一恒磨牙，又叫六龄齿。接着乳牙按一定的顺序脱落，由恒牙继替。到12岁时，乳牙基本被恒牙替代，进入恒牙期。替牙期是龋病的高发期，特别是乳磨牙和六龄齿很容易患龋，应该注意口腔卫生。

5. 神经系统发育日益完善

这一时期的儿童，脑神经细胞体积增大，突触增多，神经纤维增长，中枢神经系统的髓鞘化日益完善，这些都有利于儿童复杂精细动作的发展。同时，脑的兴奋过程与抑制过程逐渐趋向平衡。

6. 心率变慢，呼吸力量增强

6~12岁的儿童，其心率约为80~85次/分，低于新生儿时的约140次/分和学龄前儿童时的90次/分左右。与此同时，肺活量明显增加，对各种呼吸道传染病的抵抗力也明显增强。

青少年的生长发育过程受多方面因素的影响，并存在个体差异。但总的来说，身体发育过程相对均衡。

二、学龄期认知发展的特点

在皮亚杰的认知发展阶段理论中，6~12岁儿童基本处于具体运算阶段，他们直观、具体、形象的逻辑思维能力慢慢增强，但抽象能力仍较弱。

（一）观察的发展

观察是感知觉的高级形态，其发展须建立在感知觉综合发展的基础之上。6~12岁儿童随着对声音、颜色、时间、运动等的感知觉不断发展，观察力也在相应提升，表现出了与学龄前期不同的特点。

比如3~6岁的儿童，还处于认识"个别对象"阶段，他们只能看到各个对象，或各个对象的某一个方面。而在6岁以后，儿童逐渐进入认识"空间联系"阶段（通常出现在小学低年级阶段），能够感知到各个对象之间的空间联系。此后，儿童会进入认识"因果联系"阶段（通常出现在小学中年级阶段），可以认识对象之间不能直接感知到的因果联系。慢慢地，儿童将进入认识"对象总体"阶段（通常出现在小学高年级阶段），能从意义上完整地把握对象整体。

当然，这种观察力的发展也会受到对材料熟悉程度的影响。比如所观察的对象如果是儿童在生活中曾经体验过的，能为他们所理解，他们就能表现出较高的观察水平；相反，对于不熟悉、不理解的材料，他们的观察水平就不高。

对于6~12岁儿童的观察力发展，还可以从观察品质进行分析：

1. 从观察的精确性分析

6~8岁儿童还不能全面细致地感知对象的细节，只能说出对象的个别属性，精确性水平很低；8~10岁儿童观察的精确性明显提高；而10~12岁儿童的观察力更佳。

2. 从观察的有序性分析

6~8岁儿童对事物的观察不系统，显得比较凌乱；8~12岁儿童的观察有序性明显提高，一般能从头到尾进行观察，而且在表述观察结果时常常可以做到先想后说。

3. 从观察的目的性分析

6~8岁儿童观察的目的性不强，随意性较差，排除干扰的能力也较差，不能较长时间将注意力集中于观察对象，观察错误较多；8~12岁儿童在观察目的性方面有所改进。

4. 从观察中的判断力分析

6～8 岁儿童对所观察的事物做出整体概括的能力很差，对于主要和次要特征的判断力较差，导致观察事物特征时主次不分，常常会观察到无意义特征，却忽略了有意义的特征；8～10 岁儿童观察中的判断力有较大提高；10～12 岁儿童观察中的分辨力、判断力明显提高。

总体来看，6～12 岁儿童观察力的发展表现出了以下两种趋势：

一是从缺乏系统性发展到有目的性和系统性。6～8 岁的儿童观察事物时常是杂乱无章的，缺乏系统性和目的性，观察时受兴趣和情绪的影响很大，不能持续很长时间，有时常常偏离观察的主要目标。

二是观察从模糊笼统发展到比较精确。6～8 岁的儿童知识比较贫乏，观察事物时容易泛化，导致观察结果模糊不清，特别是在观察一些相类似的事物时，容易发生混淆。随着年龄的增长，知识逐渐丰富，他们的观察由泛化发展到分化，就能比较精确地分辨事物。

（二）思维的发展

6～12 岁，是儿童思维发展的一个重大转折时期。在这个阶段，儿童即将或已经进入小学，开始正规的有系统的学习人类关于自然和社会的知识经验，并能自觉地服从和执行集体的行为规范。

新的学习、集体活动等对儿童提出了新的要求，同时也是儿童思维发展的动力。概括地说，这个阶段的儿童思维发展的基本特点有：

1. 逐步过渡到以抽象逻辑思维为主要形式，但仍有很大的具体性

这主要是因为入学以后，教学活动、实践活动日益复杂，对儿童的思维提出了多种多样的新要求，促使儿童运用抽象概念进行思考，但这并不意味着具体形象思维会立刻全部"消亡"。事实上，6～12 儿童的思维从具体向抽象的"过渡"是一个非常漫长的过程，所以其思维活动仍然会具有很大程度的具体形象性。

2. 由具体形象思维到抽象逻辑思维的过渡存在一个明显的"关键年龄"

一般认为，这个关键年龄是在 10～11 岁这个阶段，但如果有适当的教育条件，关键年龄还可以提前一两年。之所以强调"关键年龄"，旨在提醒我们要把握好儿童思维发展的飞跃期，适时进行启发和教育，挖掘儿童思维巨大的潜力。

3. 思维的结构趋于完整，但还有待进一步地完善和发展

这个阶段的儿童的思维逐渐具备明确目的性，也有比较完善的思维材料和结果，思维过程比较完整，思维的监控或自我调节的能力也在日益增强，这些都说明儿童的思维结构在从不完善向完善过渡。

4. 思维发展过程存在不平衡性

这个阶段的儿童抽象逻辑思维水平不断提高，思维中的具体形象成分和抽象成分的关系在不断发生变化，这是思维发展的一般趋势。但是具体到不同的思维对象，这个一般趋势又会表现出很大的不平衡性。比如同样是学习语文教材，有的儿童对知识的概括能力能够达到较高水平，有的则不理想甚至较差。

这一阶段的思维能力有了明显的提升，主要表现在两个方面：

一是概括能力的提升。

由于6~12岁儿童的知识经验还不丰富，只能利用某些已经理解了的事物的特征或属性进行概括，而不能充分利用包括在某一个概念中的所有特征或属性进行概括。

具体来看，这个阶段儿童的概括能力发展会经历三个阶段：第一是直观形象水平阶段，即儿童虽然能够进行概括，但所能概括的特征或属性常常是事物的直观的、形象的、外部的特征或属性；

第二是形象抽象水平阶段，即在儿童的概括中，直观的、外部的特征或属性的成分逐渐减少，形象的、本质的特征或属性的成分逐渐增多；

第三是初步本质抽象水平阶段，即儿童已经能够对事物的本质特征或属性以及事物的内部联系和关系进行抽象概括，但由于知识经验的限制，他们很难进行与具体事物相距太远的高度抽象概括。

二是比较能力的提升。

6~12岁儿童的比较能力随着年龄和年级的增长不断提升。儿童从正确区分具体事物的异同逐步发展到区分抽象事物的异同；从区分个别部分的异同逐步发展到区分许多部分的关系的异同；从通过直接感知进行比较，逐步发展到可以通过语言描述进行比较。

此外，儿童在分类、推理、掌握概念等方面的能力也在不断提升，比如儿童对概念的掌握逐步深刻化、丰富化、系统化，还掌握了直接推理，并开始尝试间接推理，这说明儿童思维的过程在逐渐完整，并日趋完善。在这个过程中，言语起到了非常重要的作用，它使儿童思维的敏捷性、灵活性、深刻性、独创性、批判性等品质都得到了迅速的发展。

三、学龄期心理发展的特点

6~12岁，是孩子心理发展极为不稳定的一个阶段。处于这个时期的个体，生理成熟水平显著提高的同时，其心理发展也具有其独有的特征。

1. 自我意识不断增强

自我意识，是一个心理学术语，也叫自我，指的是个体对自己的各种身心状态的认识、体验和愿望。它具有目的性和能动性等特点，它对人格的形成、发展起着调节、监控和矫正的作用。孩子进入学龄期后，随着对外界认识的不断提高，生活经验的不断积累，开始对自己的内心世界和个性品质方面进行关注和评价，并且凭借这些来支配和调节自己的言行。

虽然这一时期的孩子自我意识不断增强，但自我评价几乎完全依赖老师。他们容易看到自己的优点，不容易看到自己的缺点，他们习惯评价他人，不善于客观地评价自己。

2. 情绪容易冲动

这一时期的孩子情绪容易冲动，且易随着情境的变化而变化，诸如"破涕为笑"之类的现象较为常见。虽然他们已能初步控制自己的情感，但是不够稳定。随着年龄的增长，到了十一二岁，他们的情感会稍趋于稳定。

3. 自控能力差

他们的自制力还不强，意志力较差，因此遇事很容易冲动，意志活动的自觉性和持久性都比较差。比如，在学习活动中，常常虎头蛇尾，不能持之以恒。随着年龄的增长，他们做事的自觉性和持久性会渐渐增强，但是仍然缺乏耐心和毅力，缺乏一贯性。

学龄期是个体心理迅速走向成熟的时期，这时的孩子的心理是错综复杂的。因此，家长应了解学龄期孩子的心理活动特点和发展规律，对其进行正确的引导和有效的教育，使孩子安全、健康地度过这个阶段。

四、学龄期人际交往的意义和特点

人际交往，指的是个体与周围人之间的一种心理与行为的沟通过程。学龄期的人际交往主要指儿童之间，以及儿童与成人之间沟通信息、交流思想、表达情感、协调行为的互动过程。

（一）学龄期人际交往特点

素不相识的儿童，从认识到交往，再至建立起友谊，是一个让彼此关系不断深化的过程。在这一过程中，人际交往会体现出一些鲜明的特点。

1. 交往的对象层次较为简单

学龄期儿童的交际对象比较简单，多为与自己年龄相仿，有着相似的价值观、志趣、爱好的伙伴。交往的范围主要局限于同学，同性的交往对象多于异性交往对象。

2. 人际交往需求迫切

学龄期儿童精力充沛、思想活跃，他们不习惯长时间待在一个场所中。他们向往结识同龄人，特别是与自己有着共同经历、兴趣、志向的同龄人，并希望得到他人的认可、接受、尊重和信任。所以，他们有着强烈的人际交往需求，渴望在同伴中寻找"知己"。

3. 交往动机中功利性少，情感性多

学龄期儿童之间的交往比较单纯，主要是为了交流感情、寻求友谊。在交往过程中，多会谈论有关学习、娱乐、兴趣爱好等方面的话题，即精神和情感方面的需求较多，且带有一定的理想主义色彩。

随着年龄增长，学龄期儿童结识的朋友越来越多，其与父母相处的时间会逐渐减少。为了帮助孩子顺利度过这段身心骤变的时期，家长需对孩子做一些必要的引导。

（二）学龄期人际交往的意义

人际交往不但有助于学龄期儿童找到自己的社会位置，不断校正自己的社会角色，还具有一些特殊的意义。

1. 满足心理需要，促进身心健康

学龄期儿童的人际交往需要极为强烈，他们力图通过人际交往获得友谊，满足自己物质和精神的需要。良好的人际交往可以使他们精神愉快，情绪饱满，充满信心，保持乐观的人生态度。相反，如果缺乏良好的人际交往，他们则在精神上、心理上容易形成巨大压力。所以，良好、积极的人际关系可以满足学龄期儿童对友谊、归属、安全的需要，使其更深刻、更生动地体会到自己的价值，从而获得充实、愉快的精神生活，促进身心健康。

2. 有助于快速全面地获取信息

学龄期儿童通过社交，在和他人建立了良好的人际关系之后，便可以通过多种方式快速地获取信息。他们接受新信息速度快、手段新、途径多，加上他们喜欢与人交往，这就使得他们所掌握的新的社会信息能通过人际交往快速地传播。毕竟，在交往中获得的信息比在书本上获得的信息内容更广泛、渠道更直接。

3. 更好地发展自我并了解他人

自我概念在很大程度上是通过人际交往来获得的。正如美国人类学家玛格丽特·米德所说：我们所隶属的社会群体是我们观察自己的一面镜子，个体的自我概念在很大程度上取决于个体认为他人是怎样看自己的。学龄期儿童常以同龄人为参照物，以他人对自己的反应和评价作为衡量自己的依据，以此判断自己所表现的行为的优劣，以及能力的高低。因此，他们不仅能通过人际交往来了解自己，了解他人，同时，也可以丰富自己的人生经验。

4. 有效地促进社会化进程

社会化是个体由自然人成长、发展为社会人的过程。在与家人、同伴的交往中，学龄期儿童积累社会生活经验，学到社会生活所必需的知识、技能、态度、伦理、道德规范，懂得了与人平等竞争、和睦相处，并逐步摆脱以自我为中心的倾向，形成适应社会环境的人格、社会心理、行为方式，从而逐渐完成社会化进程。

5. 增强人际协调能力

随着交际范围的扩大，学龄期儿童会得到更多的与别人互相了解的机会，在交往的过程中，他们会逐渐学会帮助他人，为他人着想，这又可以强化他们的责任心和成就感。这都有助于提升孩子在人际交往中的协调意识与能力。

出色的社交能力不仅代表着出色的情商，也代表着拥有更多迎接幸福的能力。所以，家长要鼓励孩子勇敢迈出人际交往第一步，多去结交一些有益的朋友，扩大自己的交际圈。

五、学龄期关键能力培养

在崇尚素质教育的今天，社会的快速发展对新生代儿童的要求越来越高。特别是心理素质、知识素养、学习力、社会能力、创造力这五大关键能力，直接决定了孩子的综合素质与未来的社会生存能力。

家长该如何有针对性地培养孩子的五大关键能力呢？

（一）心理素质培养

不少家长认为，小学阶段的孩子由于年龄还小，心理发育还不完善，故没必要进行心理素质的培养，只要身体健康就可以了。其实不然，正是因为这个年龄段的孩子心理不成熟，所以，在学习与生活中经常会出现一些心理问题。对此，家长必须要进行正确的心理辅导，帮助学生形成良好的心理素养。

1. 帮助孩子正确认识自我

比如，在平时的学习生活中，有的孩子一旦成绩下滑，就会降低对自己的评价，甚至变得缺乏自信。这对孩子的健康成长极其不利。作为家长，在这种情况下该如何帮助孩子正确认识自我呢？

首先，对孩子表示信任和喜欢，告诉孩子，不会因为他的学习成绩差，或是一些事情做得不够好，爸爸妈妈就不喜欢他，恰恰相反，爸爸妈妈非常愿意帮助他。

其次，把孩子的优点讲出来，让孩子看到原来自己也是很优秀的。比如，孩子数学特别优秀，说明他掌握了高效的学习方法，只要自己足够用心，对自己有信心，其他学科也会迎头赶上的。

家长帮助孩子正确地认识"自我"，才能让孩子更好地完善自我，提高自我。

2. 培养良好的兴趣爱好

良好的兴趣爱好有助于孩子心理的健康发展。学龄期儿童在学习与生活中，容易受到外界的干扰而产生不良的心理反应，这就要求家长要能够帮助孩子正确认识外界环境和条件的变化，并引导孩子加强自我心理调节，培养良好的兴趣爱好，并在兴趣爱好活动中发挥个人所长，找到自己的闪光点，从而建立自信心。

3. 营造温馨的家庭氛围

家庭成员之间不和睦，经常因为鸡毛蒜皮的事争吵，这样的家庭氛围容易让孩子缺乏安全感，产生自卑心理。所以，家长要学会调节自身的不良情绪，为孩子营造一种幸福和谐的家庭环境。良好和睦的家庭环境不但可以让孩子心情愉悦，感受到浓浓的亲情，而且有助于其健全人格与积极心态的养成。

4. 加强对孩子的正面引导

很多孩子因父母或长辈过度宠爱而变得自私、爱说谎、不遵守规矩和纪律，或是常侵犯他人，缺乏同情心等。因此，家长要注重对孩子进行正面引导、教育，如，不要娇惯、溺爱孩子；注意改善家庭生活方式，建立良好的家风；做好榜样，正面引导；关注孩子出现的心理问题，做好预防和引导，等等。

社会的发展，对人才的素质提出越来越高的要求。在人的所有素质中，心理素质是基础的素质。所以，加强心理素质教育，对于学龄期儿童的发展与成长具有重要意义。

（二）知识素养培养

学习是一个漫长的过程，家长应鼓励学龄期儿童涉猎各个方面的知识，为日后的学习、生活建立一定的储备。为了让孩子实现全面发展，在提升孩子知识素养方面，家长应着重从以下几个方面入手。

1. 保证足够的阅读量

孩子的知识面更多地来自于他的阅读量。在学龄期，家长要不但要培养孩子的阅读兴趣，也要逐渐加大其阅读量。比如，多带孩子去图书馆，多给孩子买一些科普读物或是课外书。再就是不断拓宽知识获取渠道，比如，网络和有声读物。通过阅读，孩子能增长见识，拓宽知识面，与此同时，阅读也有助于孩子形成良好的学习习惯、自律意识与审美情趣。

2. 适当参加社会实践

家长应多让孩子参加社会实践，使其尽快从"书本"的世界跨入更为广阔的现实世界，以吸收社会各种信息、拓展想象和思维的空间。著名心理学家维果茨基说："活动和交往是发展的源泉。我们应当让学生在社会实践中发展思维，增加知识积累。"参加社会实践的方法可以是：让孩子做一些社会调查，并完成调查报告；参加一些创作大赛，增强其学习的自主性；参加一些环保活动，加深其对大自然的认识，等等。

3. 在旅行中增长见识

旅行是拓展知识面的一个有效方法。俗话说得好，读万卷书不如行万里路。闲暇时，要多带孩子外出旅行。通过旅行，一方面可以开阔孩子的视野，让其看到祖国的大好河山与各地的风土人情；另一方面，有助于孩子更直观地理解一些地理及历史知识、名人典故等。

4. 欣赏一些好的电视节目

很多家长普遍信奉一种"有用"主义，认为孩子应少看电视，因为看电视既不能帮助孩子考级，也不能加分。其实，电视也是孩子获取信息的重要渠道之一，特别是一些优质的科普类电视节目，有助于拓展孩子的知识面。因此，家长可以让孩子多看一些对其有积极影响的节目。

除了上述方法，家长还要鼓励孩子多与小伙伴合作、交流，多去探索一些新鲜的事物等。随着年龄的增长，孩子获取知识的方式、渠道会越来越多，为了能够让孩子从海量信息中筛选出有用的知识，形成积极的人生观、世界观，家长需做好引导与把关工作。

（三）学习力培养

在不同的年龄阶段，孩子有着不同的认知水平与学习能力。在学龄期，孩子的认知发展进入具体运算阶段。在这一阶段，他们基于自身的经验，拥有了一定的逻辑思维能力，即能通过一些简单的推理，来获得对事物内在本质属性的认识。因此，这一阶段家长要特别注意对孩子学习力的培养。

那什么是学习力呢？

学习力是指将知识资源转化为知识资本的能力，假如把学习视为一棵树，那么学习力就是这棵树的根。通常，学习力有四个维度：一是知识总量；二是知识质量；三是学习流量；四是知识增量。

那家长该如何培养学龄期儿童的学习力呢？可以从以下几个方面入手。

1. 培养孩子敏锐的观察力

一些孩子之所以粗心大意，关键是欠缺敏锐的观察力。比如，考试的时候，不是经常看错题，就是会漏掉一些题。

培养孩子观察力的方法有很多，其基本逻辑是相通的，即确定观察对象后，要引导孩子先观察什么，后观察什么，根据不同事物，由近及远、由简单到复杂、由局部到整体，有顺序、有层次、有步骤，系统地观察。在观察过程中，要让孩子抓住观察对象的主要特征，学习比较事物之间的区别和联系，从对某一事物的观察，到对几种事物之间的比较观察，循序渐进，提高孩子的判断能力。

2. 激发孩子的想象力

丰富的想象力是创造力的翅膀，正如爱因斯坦所说："想象力比知识更重要，因为知识是有限的，而想象力概括着世界上的一切，推动着进步，并且是知识进化的源泉。严格地说，想象力是科学研究中的实在因素。"在大胆鼓励孩子展开想象的同时，还要丰富他们的生活经验，给他们提供自由想象、思考的情境条件，如通过画画、景物、音乐、文字等引导孩子展开联想。

3. 引导孩子进行发散思维

发散思维又称辐射思维、放射思维，是指大脑在思维时呈现的一种扩散状态的思维模式。运用发散思维最典型的例子就是"一题多解"，即它的重点不在于找到某一个确切的答案，而是让思维向各个方向扩散，以摆脱头脑中僵化的思维框架。平时，家长可以采用提问的方式来引导孩子进行发散思维，问一些可进行多路思考的问题，看孩子都能想到哪些思路与方法。另外，要鼓励孩子的奇思异想，当孩子提出一些奇怪的问题时，家长应当给予鼓励，而不要去否定或是质疑。

4. 提升孩子的写作能力

对于学龄期儿童来说，写作能力是衡量其学习力一个重要标准。首先，它能体现一个人的文字驾驭能力；其次，它反映了一个人的思维能力；再次，它能考验一个人对知识融会贯通的能力。家长在培养孩子写作能力的时候，应结合其年龄特点，着重从以下五个方面入手：阅读、摘抄、模仿、背诵、默写。

5. 传授高效的学习方法

学习方法对孩子的学习成绩有重要影响，高效的学习方法，可以极大地提升孩子的学习力，使其在短时间内掌握更多的知识。以下三种学习方法比较适合学龄期儿童。

一是费曼学习法。很多孩子都有个特点：老师一讲就会，自己一做就废。费曼学习法最大的特点，就是可以让孩子将学习的知识内化。其大体的方法是：首先，要让孩子吃透知识点，完成输入；其次，让孩子使用最简单的语言，把所学知识点讲出来；再次，让孩子重新学习讲不清楚、叙述不完整的部分；最后，孩子能够完全理解，并能用自己的语言流利地阐述知识内容。这种学习法比较符合大脑的认知规律，完成将知识从混乱到有序的整理，让孩子从被动记忆走向主动理解并能阐述清楚。

二是SQ3R阅读法。SQ3R的意思是：Survey（浏览），Question（提问），Read（阅读），Recite（复述），Review（复习）。这种方法的流程为：学习前，先将材料大致看一遍——提出自己的疑问——带着问题进行精读并找出答案——用自己的语言将知识点陈述一遍并将所有问题的答案说出来——最后再巩固复习一遍。孩子在预习时，可以采用该方法。

三是思维导图学习法。它将枯燥的文字信息以逻辑性的图画形式呈现，用图形让孩子通过最少的文字学知识，能细致快速地厘清逻辑关系、构建知识框架，提升思维能力和学习效率。孩子可以运用该方法，做课堂笔记，预习复习，记单词，列大纲，做数学分析，背课文，甚至做知识点的归纳总结分析。

综上所述，家长不但要注重方法的传授，也要注重学习环境的营造，以及孩子学习内驱力的提升，以从多个维度来帮助孩子提升学习力。

（四）社会能力培养

培养孩子的社会能力，简单理解，就是教会孩子处理人际关系。社会能力强的孩子，往往有着良好、积极的人际交往体验，更能适应新的环境。在日常生活中，父母该如何培养孩子的社会能力呢？可以从如下几个方面着手。

1. 培养孩子的社会交往意识

家长要结合孩子在不同年龄段的心理特点、认知水平，培养孩子的社交意识。对学龄期儿童而言，要结合生活中的一些案例，告诉他们，社交对他们的成长与发展有着特殊意义，要乐于交朋友，也要自信地交朋友。平时不要总是将孩子关在家里，让他多出去结交朋友，并教给孩子待人接物的方法，例如让他们去购物，去取快递，或让孩子邀请朋友来家里做客，等等。

2. 鼓励孩子积极参与集体活动

家长要多让孩子走出家门，走到小伙伴们中间去，在实践中锤炼和检验他们的社交技巧。特别是对于一些比较胆小、喜静，或对集体活动不感兴趣，害怕纪律约束的孩子，鼓励其积极参与集体活动，对其成长具有重要意义。比如，通过提供必要的材料、空间与时间，让孩子与其他孩子游戏交往；利用节日游园、郊游踏青、参观游览、走亲访友、演出比赛等机会，有意识地安排孩子与集体频繁接触等。

3. 提升孩子的共情能力

所谓共情能力，是指一种能设身处地体验他人处境，从而达到感受和理解他人情感，并相应地做出回应的能力。在学龄期儿童身上，最典型的表现就是：当朋友开心的时候，他也能够感知到对方的开心；当朋友悲伤的时候，他也可以很好地了解到他的悲伤。这种良好的共情能力，是良好社交能力的一种体现。

家长培养孩子共情能力，可以从两个方面切入：

一是让孩子学会换位思考，比如，孩子看过某个动画片后，家长可就其中的一些情节提问："你觉得××的心情如何？如果是你，会怎么想？如果在生活中，你的朋友遇到这样的问题，你要怎么安慰他？"通过这种换位思考，可以让孩子来切身体会别人的心境是开心、难过，还是寂寞、害怕……

二是多让孩子就其一些生活经历谈些感受。比如，可以问孩子"你在这件事情上的感受是什么"，以此来让孩子学会主动分享自己的感受。在讨论感受问题时，要多问下原因，如"可以和我说说为什么生气吗"，或者"是什么让你如此生气"。

4. 教给孩子基本的社交技能

特别是对那些有害羞、自卑、畏惧等心理特征的孩子，家长要多关心、问候，及时引导、鼓励他们去积极地社交，并教给他们一些基本的社交技能。比如，让孩子学会与人打招呼；掌握自我介绍或介绍别人的技巧；懂得倾听他人说话；学会表达自己不同的意见，等等。其间，家长应扮演好"引领者"的角色，结合孩子的年龄特点，有针对性地对其进行社会交往的技能训练。

5. 及时帮助孩子摆脱逃避心理

孩子在社交的过程中，经常会碰到一些靠个人的能力无法解决的问题，所以会选择逃避。这时，家长先不要责怪孩子，而要引导他，并与他进行深层次沟通。比如，孩子非常害怕老师，那家长可以问问孩子："究竟为什么如此怕老师？想不想缓解这种心理？为了缓解这种心理，你愿意做哪些改变呢？"通过深层次的交流，让孩子意识到，其实老师没有那么可怕。

家长只有及时帮助孩子克服心理障碍，让孩子感受到温暖，孩子才能勇敢走出去，重拾自信和快乐。

与所有的良好品德和习惯的养成一样，社交能力也需要从小培养。作为父母，一定要认识到社交能力提升对于孩子发展的重要性，不要想当然地认为孩子长大以后自然会掌握社交技能。

（五）创造力培养

创造力是产生新思想、发现和创造新事物的能力，它是成功地完成某种创造性活动所必需的心理品质。家长在培养学龄期儿童创造力时，一定要掌握正确的方法。

1. 为孩子创造能玩、好玩的环境

很多时候，孩子的创造力源于好奇心和爱玩的心态。所以，家长有必要为孩子创造一个能玩、好玩的家庭环境。比如，适当陪孩子玩些益智游戏。游戏是早期智力开发的最重要活动之一。在游戏中，让孩子完成一些力所能及的任务，逐渐创造性地开展游戏情节，即让孩子从简单地模仿，渐渐发展到创造。在游戏过程中，要尊重孩子制定的游戏规则。只要孩子能勇敢地制定游戏的规则，家长就全力配合。这样，孩子才能越来越有自己的想法与创造力，并渐渐学会如何实现自己的想法。

2. 让孩子跳出思维定式

法国生物学家贝尔纳说过："妨碍学习的最大障碍，并非未知的东西，而是已知的东西。"思维定式能使孩子在处理熟悉的问题时驾轻就熟。然而，在需要创新时，思维定式会阻碍新思维、新方法的构建。那如何淡化孩子的思维定式呢？家长可以引导孩子做好两件事：

一是鼓励孩子多提问。爱提问，是孩子洞察力、想象力和创造力的表现。中国伟大的教育家孔子就是通过问答的方式，把他的核心思想传授给弟子们，并被记录在《论语》这部伟大的著作中的。家长如何才能让孩子想问、会问呢？一个重要的做法是：安排一个情境，以激发孩子提问的兴趣。比如，先讲一段精彩的故事，激发孩子的好奇心，使其急切地想知道结果；玩猜谜游戏，给孩子一些暗示等。

二是不要让孩子拘泥于书本。在课外的实践和活动中孩子同样可以获得知识，而且这种方式有助于孩子培养发散性思维，使其眼界与思维不会只局限于书本中描绘的内容。

3. 鼓励孩子的探索行为

通过亲身实践和体验得到的直接经验是很宝贵的，相比机械记忆的间接经验，直接经验更能被孩子掌握。所以，家长要多陪孩子做一些探索活动。例如，家长可以和孩子一起做手工等。在这些活动中，孩子不但能提升动手能力，而且能够感受到更多的生活乐趣。

4. 用艺术激发孩子的创造力

现代大脑科学的研究证实，文字与图形刺激的脑区域不同：文字较多激活大脑左半球，图形较多激活大脑右半球。人的大脑如同一片农田，要获得思维的最好收成，就需要充分发挥左右两个半球的功能。当孩子从事一些美术、音乐等艺术活动时，大脑两侧都会参与工作，这有利于孩子不同脑区域协调活动及脑功能的开发。

在培养孩子的创造力时，家长必须要给孩子营造一种自由、宽松的学习、生活环境与氛围，这样有助于提升孩子主动、积极探索的欲望与兴趣。

第三节 12~18 岁儿童的发展特点与关键能力培养

一、青春期生理发育特点

这里的青春期，指 12~18 岁这个阶段。青春期是儿童向成人过渡的发育阶段，是以性发育、性成熟为特征的身、心全面发育的一个重要时期。这一时期，孩子生理发育特点主要表现在三个方面：身体外形的变化、生理机能的增强、生殖器官发育成熟。

1. 外形出现明显变化

身高的快速增长是青春期孩子身体外形变化最明显的特征。孩子在青春发育期期间，平均每年长高约 6~8 厘米，有的甚至能达到 10~12 厘米。同时，身高增长存在着明显的性别差异，一般女性少年 12 岁为成长最快期，男性少年 14 岁为成长最快期。

体重是身体发育的另一个重要标志，同样也存在着性别差异。女性少年体重增加高峰期在 12~13 岁，平均每年增加 4 千克左右；男性少年体重增加高峰期在 14 岁，平均每年增加 5 千克左右。

进入青春期的孩子，头面部特点也会发生微妙的变化。首先，相对于学龄期，头部骨骼的增长速度显著减慢，头大身小的特征逐渐消失，并向成人的体貌特征发展。其次，较低的额部发际逐渐向头顶及两鬓后移，嘴巴变宽。

处于青春发育期的孩子，体形和面部特征都会较之前发生明显的变化。同时，各生理机能会迅速增强，开始走向成熟。

2. 生理机能迅速增强

青春期生理机能的发育主要体现在三个方面：

首先，肌肉逐渐发达，体力迅速增强。12 岁后，孩子的肌肉在机体中的比例增加，而且肌肉组织也变得更为密实，使其体力明显增强，特别是男生的力量明显增大。女生的肌肉相对发育较慢，但脂肪却逐渐积累，使她们的身体开始丰满起来。

其次，心、肺功能增强。12 岁左右的孩子，其心脏重量达到出生时的 12 倍。到 14～15 岁时，肺的重量达到出生时的 9 倍。10 岁时肺活量只有 1800 毫升左右，到 15 岁就达到 3000 毫升以上了，基本接近成人水平。

再次，脑和神经系统发育基本成熟。青春期的孩子，其脑重、脑容积与成人基本相同，机能趋于成熟，第二信号系统占据优势地位。神经系统的结构和功能趋于成人化，为逻辑思维逐渐占主导地位和整个心理机能的发展奠定了基础。

3. 出现第二性特征

男性开始长胡须，喉结突出，肩宽骨盆窄，躯干呈倒三角形的体型。女孩则皮下脂肪增多，肩窄骨盆宽，臀部较丰满等。第二性征的出现，使不同性别在体征上的差异突显出来。

在这一时期，家长应多关注孩子身体与心理发育上的变化，并传授孩子一些必要的健康知识与理念，让他们正确对待自己的身体变化。

二、青春期认知发展的特点

青春期的孩子总是表现得很烦躁，这是为什么呢？

首先，为自己在公众面前的个人形象而烦恼。很多青春期孩子脸上长了点青春痘，就觉得"我很难看、我很丑"。在我的咨询室里曾经来过这样一个小伙子，他因为青春期脸上长了好多痘痘，就跟他妈妈说，如果不想办法把他的青春痘治好，他就拒绝去上学。青春期的孩子非常在乎自己的个人形象，不论男孩还是女孩，都会不自觉地延长照镜子整理仪表的时间。

其次，是为在同龄伙伴中的个人尊严和社会地位而烦恼。以前我遇到过一个案例，初三的男孩跟妈妈说要买某品牌的球鞋，妈妈说："我就是一个普通的工薪阶层，这一个月的工资给你买了鞋，我们就没有钱生活了。"拒绝了儿子的请求。可孩子特别执拗，天天跟妈妈较劲儿，"我不管，我就要"。仔细询问之下才知道，是因为平时在一起打篮球的同学每人脚上穿的都是这个品牌的鞋，大家还嘲笑他，如果不换成一样的，以后就不再带他一起玩篮球了。这个男孩觉得自己的个人尊严在同伴面前受到损害，所以回家就来跟他妈妈要球鞋。

再次，是为与父母的关系有了隔阂、情感疏远而烦恼。我们要相信，每个同父母生活在一起的孩子，内心中对父母都充满着依恋。可是，青春期有心理断乳的需要，孩子与父母之间自然而然会产生隔阂，所以孩子们也会因为这种隔阂而觉得烦恼，觉得不能再像小时候那样跟父母那么亲密了，有了问题不知道怎么获得帮助，所以烦恼增多。

青春期是一个特殊的时期，也是身心处于加速发展的第二高峰期。在这一时期，生理素质特别是神经系统的发展成熟，为孩子认知的发展提供了重要的生理基础。因此，处于青春期的孩子的认知发展非常迅速。青春期处于皮亚杰认知发展阶段理论中的第四个阶段，即形式运算阶段，认知发展表现出如下一些特点。

1. 认知结构的基本体系形成

在青春期，认知结构的各个要素快速发展，认知能力持续提高，认知的核心成分——思维能力进一步成熟，整体上完成了向理性思维的转化。比如，逻辑思维能力增强，辩证思维和创造思维有了很大的发展，元认知能力（对认知的认知能力）开始发展。

2. 认知活动的自觉性明显增强

随着理性思维和自我意识的发展，青春期孩子的观察力、有意识记能力、有意想象能力也快速提高，思维的目的性、方向性更为明确，认知系统的自我评价和自我控制能力显著增强。

3. 认知与情感意志、个性得到协调发展

认知发展与情感、意志和个性等密切相关，它们之间相互作用。进入青春期后，孩子的情感更丰富、意志力增强，兴趣更广泛和稳定，学习动机更强烈，理想、世界观开始形成，行为的自觉性更高，这一切都给认知发展以强大的助推力。同时，认知发展又促进了情感、意志、个性的发展。所以，青春期的认知结构和情感、意志、个性等形成协调发展的新局面。

青春期的孩子，其认知水平和行为特点接近成人。这时，家长要因势利导，不能再采用过去那种养育方式，即应将亲子关系由垂直关系转向平行关系，以适应这一新发展阶段的特点。

三、青春期心理发展的特点

青春期，又称为"叛逆期"，是最容易出现心理问题的阶段。家长要正确辨别孩子在青春期来临时所遇到的问题和表现，就必须先充分了解这一时期孩子心理发展的突出特点。那么，青春期孩子的心理特点主要有哪些呢？

（一）自我意识

进入青春期后，与身体的迅速变化相比，心理发展虽相对滞后，但对"自我"的体验和感受已经非常清醒。青春期之前孩子对自己的认知和评价基本上是服从成人的意见，而青春期的孩子就完全不同了。这种差别主要表现在以下三个方面。

1. 更加关注自己的外貌和体征

在青春期，孩子对自我的认知，首先表现在关注自己外在形象上。他们格外关注自己的体貌，并喜欢在镜前研究自己的相貌、体态，注重服装、仪表、风度，以及别人对自己打扮的评价。

2. 非常在意学习能力和学业成绩

学习能力和学业成绩的好坏，会直接影响他们对自己的能力、在群体中的社会地位，以及自尊等情感的认知与评价。

3. 十分关心自己的人格特征和情绪特征

青春期的孩子十分关注自己的人格特征与情感，他们把自己想象为"独特的自我"，把身边的人假想为观众，似乎这些假想的观众随时随地都在关注着这个"独特"的自己。因此，他们容易放大自己的一些感受和体验。

（二）自我同一性

1. 自我认可的第一步

在青春期，心理发展最关键的一个任务，就是形成"自我同一性"。所谓"自我同一性"，指一个人能统合自身的各个方面，形成一个协调一致、稳定的自我。也就是说，对于"我是谁"有了一个相对确定的答案。

青春期的孩子总是试图让自己成为一个有自我人格的人。在这一过程中，他们会对诸如理想、职业、价值观、人生观等进行深入的思考。这就意味着他们将更加充分地了解自己，希望确立自己的理想与价值观念，并独立思考自己未来的发展。这就是建立自我同一性。但是，一个只有十几岁的孩子是无法完成这项任务的。所以在整个青春期，他们都是处在建立自我同一性和角色混乱的冲突之中。对于大多数人来说，同一性要到青春期之后也就是在 20 岁前后形成。

2. 第二叛逆期

自我同一性的形成过程，也是青春期的形成过程，两者具有高度的内在一致性。青春期能否健康度过，直接影响自我同一性能否最终形成。高度重视青春期的心理疏导尤其重要。

青春期，在心理学当中还有一个名字叫"第二逆反期"。第一逆反期出现在 3~4 岁时，那时的孩子为了获得对自己身体的掌控权而反抗父母，通过反抗父母的命令和行为上的对着干，来向爸爸妈妈宣告"我已经是大孩子了"。而处于第二逆反期（青春期）的孩子们，要的可不仅仅是身体独立，更想追求的是精神独立。

首先，他们会为了寻求独立自主而抗争，"我想做什么、我是怎么想的、你们不要干预我的决定"，这是他们内心的声音。

其次，他们会为了社会地位的平等而抗争。青春期的孩子有"成人感"，觉得自己已经进入到了成熟状态，"既然我是大人，我就应该跟你一样是平等的"，所以，他们希望自己得到和成人一样的尊重，被当作大人来看待，拥有属于自己的社会和家庭地位等。

再次，青春期的孩子跟父母之间存在着强烈的观念碰撞。总说"三年一代沟"，那每一位父母跟青春期孩子之间肯定是沟壑纵横。两代人之间的核心价值观存在很大区别，这就导致成年人跟孩子在看待同一个问题时，他们的切入点、思维逻辑、归因方式，甚至得到的结论，都是完全不同的。

青春期的孩子就像是一只小猫在照镜子，结果他在镜子里看到了一只大老虎，他们误以为自己已经长大了，可是在成年人的眼中，他们还是一个未成年的孩子。这是自我同一性形成的障碍源。父母眼中的孩子是半成熟的，而孩子眼中的自己已经足够成熟。这样错位的认知，自然导致父母与孩子之间发生激烈冲突。

冲突主要有两种表现，也就是说，青春期孩子反抗父母主要有两种形式：一种是"激烈反抗"，孩子跟父母大吵大嚷、固执地表达自己的想法、指责父母不理解自己。另一种是"消极抵抗"，孩子拒绝跟父母交流，其背后的心理是"我已经不想改变你们大人的想法了，我也不相信你们会改变，所以我拒绝再跟你们交流"。处于这种心理状态的孩子，一般很少跟父母在家大吵，回家后默默地一个人回房间把门锁上，叫他出来吃饭他就吃，吃完饭回去继续关门，浑身上下充满对父母的抗拒，"你不要来打扰我或试图说教，我也不想跟你沟通交流"。

不管是激烈反抗还是消极抵抗，对于亲子关系都是一种很大的伤害。不过相对而言，消极抵抗比激烈反抗更糟糕，因为我们很难知道他们内心真实的想法。

曾经有一位妈妈在分享教养经验时说："小时候，我以孩子可以接受的方式来教育他，但是当他到9岁时，我就发现原来的方式行不通了，经过挣扎，我做了一些改变，情况有所好转。可是到了孩子12岁左右，我再次发现我的方法行不通了，我不得不再次调整和改变。刚刚重新建立融洽关系不到一年，儿子进入青春期，我发现我原来的方式又行不通了。"

没错，父母跟孩子之间的关系，就是一个不断变化和调整的过程，当孩子的身心发育趋于相对稳定时，一时紧绷的关系也会改善，但没过多久，你就发现自己需要继续"升级"养育系统。

3. 需要倾听

青春期的孩子仍然处于半成熟状态，他们会遇到各种各样的问题，假如他在向家长求助时，父母没有做到有效回应，孩子就会产生更多的挫折感，久而久之，他可能就再也不愿意跟家长说话了。

我们先看一个例子。有一天，上初中的孩子跟家长说："妈妈，某某明星真是太帅了！他就是我永远的偶像！等我攒够钱了，一定要去参加他的粉丝见面会！好期待呀！"如果您是这位孩子的家长，您会怎么来回答呢？

先给大家展示几种经典的回答，看看您的答案是不是也在其中：

小小的孩子懂什么，咱家不许追星，赶紧写作业去！（命令）

你要是敢跟风追星，我就取消你的零花钱！（威胁）

作为一个学生，你的本职任务是学习，跑去追星的话，又浪费时间、又浪费钱。（教训）

你就不能换一个人崇拜吗？华罗庚、陈景润这些科学家，比明星强多了。（建议）

你这孩子干什么都是3分钟热度，估计下周你又该喜欢别人了。（贴标签）

你是最棒的，就连追星也这么有决心、有行动，真不错！（表扬）

你是个大姑娘，张嘴闭嘴喜欢这个、喜欢那个的，你不觉得羞耻吗？你的喜欢，真是太肤浅了！（辱骂）

你有喜欢的异性明星，说明你开始长大了，要是你心里一个喜欢的人都没有，那才说明你不正常呢！（分析）

琴没练、作业没写，一大堆事情没完成，别在这有的没的闲聊天。（转移）

您的回应，是不是上述的某一种呢？其实，这些都不是有效的回应方式，真正有效的回应方式应该是积极倾听。简单来说，积极倾听的方法就是"反馈信息+标明感受"。

所谓"反馈信息"，就是把孩子的话整理之后重复给他听，孩子知道爸爸妈妈听到他的话了，会有被尊重的感觉。所谓"标明感受"，指的是把孩子说话时的心理状态讲出来，孩子就会感到被理解，即心理学中常说的"共情"。

回到刚刚那个例子，我们该如何做到积极倾听呢？

一要复述："你觉得某某特别帅，特别期待能参加他的粉丝见面会，是吗？"

一要寻因："这个人哪里让你最敬佩、最崇拜？"听一听孩子的理由，可以探知他内心真正的想法，"帅"可能指的不仅仅是长相，还可能是性格特点和为人处世方式。

三要接纳："原来是这样啊！难怪你喜欢。"对孩子给出的理由表示理解，让孩子感受到自己被接纳了。

四要连接："我相信，你也会像他这么棒！"即在孩子的现实状态和理想状态之间建立联系，让孩子努力获得一些更优秀的人格特质。

事实上，青春期的孩子并不需要、也不想要听到长篇大论的道理。你让他讲道理，他可以讲得比我们更条例清晰、更清楚明白。当他回家跟父母抱怨时，他抱怨的根本不是那件事情，而是倾诉在那一瞬间自己感受到的不公平，希望有个人能在情感上接纳他的情绪。

反馈信息，代表父母有认真听孩子讲话；标明感受，意味着家长理解了孩子的心理状况，孩子就会觉得爸爸妈妈果然懂我。情绪本身是一种能量，当孩子内在的、不平衡的负面情绪得到宣泄，感到被理解、被接纳时，他就会产生力量感和安全感，也能重新回到心理平衡状态。此时，他自然知道自己接下来应该继续去写作业，而不需要家长像对待小学生一样对这件事本身进行更多的辩论或解读。

所以，面对青春期的孩子，积极倾听是个事半功倍的好办法，学习起来也很简单，记住两个秘诀就好：一是重复事实，二是标明感受、与孩子共情。我们要把解决问题的责任留给孩子，让他去寻找解决问题的最好方法，在解决问题的过程中提升自己的能力。父母要做的，就是给孩子提供心理上的支撑和精神上的陪伴。

（三）情绪发展

"青春期"一般都伴随着"叛逆"，而叛逆外在最直接的表现就是情绪多变。比如，发脾气、摔东西、不听劝告等，这些情绪的出现跟父母的教育、孩子的心理、生理发生变化密不可分。归纳起来，青春期孩子的情绪发展呈现如下特点。

1. 情绪波动大

青春期孩子的情绪和情感丰富而强烈，但不稳定，经常给人一种阴晴不定的感觉。比如，在没有任何征兆或缘由的情况下，会突然变得焦躁、愤怒，或是非常开心，他们甚至很难控制自己的情绪。作为家长，要善于体谅孩子的这种情绪波动，体谅他们的处境，不要"硬碰硬"，要善于因势利导，帮助他们平复这些不良情绪。

2. 易躁动不安

随着第二性征和性功能的发展，青春期的孩子会出现性好奇和接近异性的欲望。同时，又由于环境和舆论的限制，这种朦胧的好奇心和欲望会一直被压抑在心头，故会产生莫名的烦躁与不安。即，他们既要面临性骚动带来的欲望，还要在他人面前进行掩饰。如果在与异性相处时，自己的某种行为受到指责和非议，他们还将承受巨大的精神压力。

3. 承受能力差

心理承受能力，指的是个体对逆境引起的心理压力和负面情绪的承受与调节的能力。这一时期的孩子，心理承受能力较弱。无论压力大小，只要感受到压力，他们就可能会出现失眠、没有食欲，甚至是头痛、胃痛、出汗、心率加快等强烈的生理反应。青春期孩子的压力，多与学习、人际关系、父母等有关。

4. 心理脆弱敏感

青春期的孩子自尊心强，他们对别人的评论或批评非常敏感。常会觉得所有人都在关注自己的一举一动，觉得大家的讨论或品评都是或明或暗地指向自己。他们会因为别人的表扬瞬间改变心情，并会从中受到鼓舞；同样也会因为别人的批评或负面评价变得情绪低迷、难过。

5. 情绪的自我矛盾

这一时期的孩子，在情感上容易走向两个极端：要么情感丰富，富于感染力；要么情绪高亢，容易冲动。这就造成了影响青春期孩子心理发展的多种矛盾，具体如下：

一是闭锁性与强烈交往需要的矛盾。青少年自尊心强，为了保守个人秘密，极易造成心理上的闭锁性。这种状态与其随着生活空间的扩大而出现的强烈的交往需要之间构成了一对矛盾。

二是独立性与依赖性的矛盾。青少年有很强的独立意识，不喜欢被家长管束，同时，又非常依赖父母或长辈。

三是求知欲强与识别力低的矛盾。青少年具有极强的求知欲，但由于识别能力低，不能做出合理的取舍。这一矛盾在青少年心理发展过程中表现得尤为突出。

四是理智与情感的矛盾。青少年情感丰富，但容易感情用事，故在情感与理智之间，往往较难做出正确的决定。

五是理想与现实的矛盾。青少年富于幻想，对未来充满美好的向往。但是，他们对现实中可能遇到的困难和阻力估计不足，一旦遭受挫折，容易变得悲观失望。

上述心理特征的出现，与这一年龄段孩子的自我意识发展比较迅速有关。作为家长，在与孩子相处时，一定要考虑到他们的这些心理特性。

一个青春期孩子的妈妈曾讲述过一段真实经历，她和女儿本来逛街开开心心的，回到家以后就因为自己说了一句："你出门时怎么没收拾衣服呀？"女儿就像地雷爆炸一样，突然怒不可遏，边哭边大喊着这个世界上没有人理解她。

类似的场景，想必在青春期经常出现，原因是这个时期人类脑内的"杏仁核"表现活跃。"杏仁核"是大脑的情绪中心，管理与储存各种情绪反应，它的活跃让孩子们的情绪转换非常快、表现也更为剧烈，就像让人措手不及的暴风雨。同时，他们的前额叶发育还不成熟，这个管理冲动情绪的"哨兵"的力量还太小，无法像成年人一样理性地压抑住自己的冲动。

曾经有一个家庭因为父女之间总是激烈争吵而来咨询，爸爸表示希望女儿学会情绪管理，在与父母发生争吵时先控制好自己的情绪。我不得不告诉这位父亲，他的愿望过于理想化了，因为人类的前额叶要到20岁、甚至25

岁才发育成熟，要求十几岁的孩子先住口是不符合心理发展规律的。

15岁的女儿突然脱离父母的穿衣品味、音乐喜好或政治立场，父母可以诧异，但这并不代表孩子有精神疾病。16岁的儿子喜欢不戴头盔玩滑板以及接受朋友的冒险挑战，虽然这都不是小事，但很可能是因为考虑不周或是同伴压力，而不是想伤害自己。而有一些探索和攻击性行动，则可能是疾病征兆。

深入了解青少年大脑的独特性，将有助于区分这些不寻常举动，究竟是适龄行为、还是疾病前兆，也将帮助社会降低青少年非正常行为的比率。

青春期的孩子并不会考虑到自身还缺少生活经验，就像没吃过巧克力的人，你再向他形容其中的苦中带甜也没用，经验是无法凭口述传授的。人们总是愿意使用自己熟悉的思维方式，所以，当大人们希望将自己的经验灌输给青少年时，他们不仅不会认同，而且会大力反驳。

"真懂才会爱"，方法是招式，"懂"才是内功，我们总以为我们已经很了解孩子了，所以拒绝学习。然而，只有当我们真的投入精力去学习和认识孩子时，他们的心才会真正地向我们开启。青春期的莽撞、冲动、暴躁、多愁善感，都是他们走向成熟的准备，孩子不可能永远处于青春期，这就像晴日之前的暴风雨，是大自然的必然规律。

（四）性意识开始觉醒

在青春期，第二性征的出现，意味着性机能的逐渐成熟。这一变化反映在心理上就是性意识的觉醒。

所谓性意识，一般指青少年对性的理解、体验和态度。性意识的觉醒，指青少年开始意识到两性的差别和两性的关系，同时伴随着一些特殊的心理体验。比如，有的青少年对自己的性特征变化感到害羞和不安，对异性的变化表示好奇和关注等。

性成熟的差异性。通常，我国男孩第一次遗精的年龄是在十四五岁，最早的可能是在十二岁左右，而女孩月经初潮的年龄大约在十三岁左右，最早的可能会在九岁。显然，女孩的发育普遍早于男孩，大约平均提前两年，而男孩一旦开始发育，增长速度又高于女孩，并且最终增长量也大于女孩。

研究表明，青少年在身高及体重的增长上，存在着早熟和晚熟的现象，也就是说，有的孩子更早开始发育，提前一两年进入到生长高峰，我们称之为"早熟"；而有的孩子则发育较迟，我们称之为"晚熟"。关于早熟和晚熟的性别差异，跟大家分享五个相关的研究结论。

第一，在整个青春期，相比于男孩儿，女孩儿更不满意自己的身体，对自己的身体映像更为消极。

第二，正常的发育进程，会让女孩对自己的身体产生更多的正面感受，早熟的女孩往往对自己的身体更不满。

第三，早熟的男孩自我评价更为积极，这一点跟女孩不一样。不过，早熟可能会让男孩产生更多不当的异性交往行为，比如约会。

第四，男孩会因晚熟而自卑，所以，晚熟的男生要么依赖他人、要么渴求地位，容易做出藐视、袭击、取笑他人、高谈阔论等行为，稍微遇到挑衅就动手打架，或者做出其他引起别人、特别是异性注意的行为，以补偿他们的不自在感。当然，这是一种过度补偿。

第五，与男孩不同，早熟对于女孩来说并不是一件好事。通常，女孩就比男孩要早两年进入青春期，早熟的女孩则更加超前。由于她们个子更高、性特征更明显、体重也比同龄人要大一些（这一点对大多数女孩来说很糟），与小伙伴儿在身形上有很大差异，所以，往往会觉得尴尬，自尊受到消极影响。与之相反，晚熟的女孩看起来还是个小姑娘，在情绪方面的困扰相对较少，这是因为她们的体形相对于早熟女孩而言，更符合当前社会所期待的苗条纤细型。

总之，这些研究结果都在告诉我们，不合时宜的成熟（无论是早熟、还是晚熟），都会给青少年带来困扰，因为它会让青少年成为同学们当中的"异类"。另外，这种性成熟，会明显影响青春期孩子对自己身体映像的感受。

青少年性意识觉醒有一个持续发展的过程，这个过程大致可分为三个阶段：

一是疏远异性阶段。青少年在青春发育初期，由于生理上的急剧变化，性别发育差异，往往对性的问题感到害羞、腼腆、不安和反感。于是在心理上和行为上表现出不愿接近异性，而更喜欢与同性伙伴相处。

二是接近异性阶段。随着年龄的增长，生理、心理的进一步成熟，男女青少年之间会产生一种情感的吸引，相互产生好感，萌发出彼此接触的要求和愿望，开始喜欢一起学习、参加各种活动。

三是恋爱阶段。随着生理上的进一步成熟，在进入青春期后，青少年会将特定的异性视为自己交往的对象。这个阶段的"爱情"其实是一种纯洁的感情。

（五）科学预防抑郁症

有个高二的孩子，整个暑假就没有休息过。因为妈妈对他说："这个暑假是提分的黄金时期，能不能打赢高考那一仗，就看这个假期有没有用功。"为了考上心仪的大学，他牺牲了整个假期，每天早上起来就开始不断地学、学、学。结果有一天早上，他突然觉得肚子疼，三番两次地跑厕所，可是并没有拉肚子。然后他就开始不舒服了，白天昏昏沉沉的，学习效率很低，大脑一片空白，什么都记不住。到了晚上脑子里又总是跑出一些奇奇怪怪的想法，没办法专心做题。这种状态持续了好几天，孩子觉得自己可能得了什么怪病，妈妈就带他去医院检查，结果什么生理问题都没查出来，医生怀疑这个孩子得了青春期抑郁症。

1. 青春期抑郁症的常见表现

青春期抑郁症的诱发因素有很多，比如，高度紧张的学习氛围、睡眠不足、单调枯燥的生活方式、人际关系不佳等。这种抑郁症的常见表现有四个方面：

第一，出现学习障碍，比如记忆力下降、反应迟钝、注意力不集中，有时大脑一片空白，成绩下降得特别明显。

第二，容易自我贬低、过分猜忌，总觉得同学和老师们在背地里议论或者谩骂自己，觉得别人看得出自己的心思、不喜欢自己，不敢抬头见人，说话也是低声下气的。

第三，出现躯体异常感觉，总觉得自己身体的某个部位不舒服。就像上面那个案例，老想拉肚子但又拉不出来，头昏昏沉沉的，或者反复地说自己嗓子里边有东西、胸闷、恶心、头疼，等等，到医院却查不出问题。但无论医生和父母怎么解释，仍然觉得自己有病。

第四，情绪低落，对学习失去兴趣，对其他东西也提不起劲头。失落、闷闷不乐、容易焦虑紧张。

一旦孩子出现了上述症状，爸爸妈妈们就要警惕了，很有可能是出现了青春期抑郁症，这时要抓紧时间带孩子去就医和治疗，以免越拖越严重。

2. 青春期抑郁症的治疗目标

抑郁症急性发病期，其治疗目标是缓解情绪，发病后期的治疗目标则是预防复发。

青春期抑郁症是一个不容忽视的话题，因为抑郁症的严重程度与自杀风险成正比。有数据显示，40%的自杀死亡者在自杀时患有抑郁症，25%的自杀未遂者在自杀时患有重性抑郁障碍，情感障碍患者自杀死亡风险是其他精神疾病的4~10倍，重性抑郁患者的自伤行为终身发生率高达86.8%。

青春期可能是一个人一生中生理上最健康的时期，但同时也是一个人最有可能出现心理健康问题的时期。大约有75%的心理健康问题，比如抑郁、焦虑、进食障碍和精神分裂等，都会出现在青春期，这很可能就与青少年大脑的强烈变化有关。

对于任何一个青少年来说，人生总是跌宕起伏，充满波折。因此，他们如果每天数小时沉浸在悲伤、焦虑或其他强烈情绪中也不罕见。青少年产生心理健康问题，是由许多因素共同导致的。其中，遗传就是一方面，家族中如果有人患有心理疾病，那么孩子患病的风险就会大大增加。后天的生活方式、生活环境也是导致青少年出现心理问题的一个重要因素，校园霸凌事件就是其中一种。

如果我们感到害怕或者不安全，情感反应就会启动自我保护，在这种情况下，情感大脑占据主导地位，只给我们留下极小的空间去推理或思考，因而我们也就脱离了良性学习循环。在这种情感模式下，青少年的大脑无法学习，所以青少年必须要先考虑心理健康需求，否则他们的学习一定会大打折扣。

3. 家长如何面对抑郁症的孩子

一是主动倾听，表达理解，鼓励直面。患上抑郁症的孩子，能够觉察到自己不对劲，很多孩子会自己上网做检测，一旦分数达到抑郁症标准，就会惶恐不安。此时父母需要支持他们，告诉孩子有了心理疾病不可怕，积极治疗就能恢复健康。

二是跟孩子建立情感沟通渠道（采用非言语方式）。陷入抑郁症的孩子会长时间地情绪低落，不想交流、不想对话，如果父母在孩子身边唠叨不休，反而会引起孩子莫名的烦躁和怒火，因此，可以采用非言语方式跟孩子建立沟通渠道：一个 30 秒的温暖拥抱，一个鼓励的拍肩动作，远比 10 分钟的说教效果好得多。

三是及时转介，寻求专业帮助，不掩饰不否认。有的家长不愿承认自己的孩子患了抑郁症，这种病耻感不但会让孩子错过心理疏导和干预的最佳时机，也会让孩子越发自卑或内疚、自责，反而加重其心理危机。所以，要及时寻求专业心理咨询师或心理医生的帮助，必要时服用药物治疗。

四是预防复发。如果孩子开始服用药物治疗抑郁症，一定不能随意停药，遵医嘱调整药量为宜。同时，父母也要反思自己的教养方式，是否给了孩子过大的压力或者疏于关注，加重了孩子的心理危机。此外，要让孩子保持合理作息，这有利于情绪的稳定。

（六）缓解考试焦虑

考试焦虑是每个青少年不得不直面的一大难题。如今，考试频繁，压力巨大，不少孩子出现考试焦虑症，直接影响孩子的身心健康。父母应该高度重视考试焦虑症，采取科学有效的办法，正确应对，及时化解。

1. 变消极自我暗示为积极自我暗示

自我暗示的作用相当大。国外有人以即将被执行的死刑犯作被试者，告知被试者会在特殊的装置情境下，以给他们大量抽血的方式结束其生命。被试者不能看到却能听到抽出血液的嘀嗒声，到了一定时间后被试者生命终结。其实，这都是虚拟设定的，根本就没有给被试者抽血。这是消极的自我暗示的结果。同样，积极的自我暗示也会产生巨大的力量，从而创造奇迹。

有些孩子的考试焦虑较重，其原因往往就在于钻进了消极自我暗示的怪圈。他们的念头是："我不行，我就怕考试，我肯定会紧张，我又要失败了……"人有时候很奇怪，你以为自己怎样，常常你就会变成这样。所以，知道了自我暗示的巨大效应，家长就应该引导孩子努力把消极的自我暗示转换成积极的自我暗示。

2. 进行自我放松训练

可以用以下很简便的方法进行自我放松训练：

大笑疗法：笑被称为"精神消毒剂"。国外有句谚语说："一个小丑进城胜过一打医生。"在可能的时候，带孩子去听听相声、看看小品、刷刷搞笑视频，这样可以缓解焦虑。

运动疗法：机体的运动可以使精神放松。可以让孩子每天或每周固定时间放下书本，开心地踢一场球或来点别的什么运动，可以有效消除焦虑。

深呼吸疗法：考前或考场上紧张焦虑时，做深呼吸 4~6 次，会缓解焦虑。

意守丹田疗法：意念集中于丹田穴，而后想象意念向上移动，一步步直至头顶百会穴，同时吸气，再向后向下移至丹田处，同时呼气。

六秒钟放松法：利用六秒钟收腹，缩颈，扭动身体，打哈欠，焦虑会随之消失。

3. 运用自我系统脱敏疗法

如果上面的方法不能消除焦虑，还可以用系统脱敏疗法来克服考试焦虑。

第一步：先把使孩子焦虑的考试情境按刺激的强度由弱到强排成队。比如：临近考试复习时的情境→考试前一天的情境→准备进入考场前的情境→进入考场答题前的情境→开始答题时的情境，等等。

第二步：利用想象进行脱敏训练。从最轻的情境开始，尽可能详细、逼真地想象情境中的具体细节、环境和自己的内心体验，感到有焦虑反应时，就用上面提到的方法进行放松，直到焦虑消除。

再进行下一个情境的训练，依此类推，直到想象最后的情境时不再感到紧张为止。考试焦虑确实较重者，应在考前更早些时候开始训练，只要坚持，一定会有成效。

四、青春期人际交往特点

青春期的孩子身心发展不平衡，成人感和半成熟现状之间的矛盾，及这些矛盾所带来的心理和行为的一些变化，都会影响到他们的社会交往。其在与朋友、同学、老师及家长的相处过程中，表现出一些显明的特征。

1. 重视朋友间的友谊

朋友之间的情谊为友谊，它是建立在理想、兴趣、爱好等一致和互相依恋基础上的一种感情关系。在青春期之前，孩子在情感上最依恋的是父母，朋友则处于相对次要的地位。但是到了青春期，这种情感依恋便逐渐由父母转向了朋友。也就是说，青春期的友谊是形成家庭外认同感的重要部分。一些研究结果也表明，有更多朋友的青少年患抑郁症的较少，同时也更有归属感。

2. 交往的对象层次较为简单

交往的对象主要是与自己年龄相近并有着共同的态度、价值观、志趣、爱好的伙伴，以及父母和有授业之恩的教师。交往的范围一般局限于班内或校内，同性多于异性。

3. 小团体现象突出

青春期的孩子，在社会交往中，很容易结成三五个人的小团体。他们年龄相当、品行相近，交往甚密、意气相投。小团体成员相互间有高度的忠诚感，在行为方面也互相约束。家长既要尊重孩子这种与同伴交往的需要，接纳孩子与他喜欢的同伴建立友谊关系。同时，也要对孩子的非正式团体进行了解和监督，避免孩子把江湖义气当成友谊，沾染一些恶习。

4. 师生关系有所削弱

到了青春期，孩子不会再像小学那样把老师视为绝对的权威，他们对老师有了新的认识与要求。例如，他们不再盲目接受任何一位老师，甚至会对一些老师品头论足。通常，他们喜欢的老师具有这么几个特点：学识渊博、授课水平高、平易近人、能与学生融洽相处等。通常，他们认可某一位老师的话，便会认真听其讲课，对老师提出的要求，也会认真执行。反之，如果不喜欢某位老师，在心理上也会拒绝他的各种要求与意见。

5. 易与父母产生隔阂

在婴幼儿时期，父母的地位至高无上，孩子对父母既尊重又信任。但进入青春期后，孩子与父母之间的关系发生了微妙的变化，而且容易产生隔阂。

首先，情感上的脱离。青少年由于在情感上有了其他的依恋对象，便不如以前那样将所有的情感的注意力放在父母身上，但感情的实质是没有改变的。

其次，行为上的脱离。青少年有很强的独立意识，在许多事情上，他们都不愿意被家长干涉，所以易与家长产生争执。

再次，观点上的脱离。青少年对一些事件有了自己的认识与看法，他们会重新审视父母的许多观点，而审视的结果往往是：与父母的观点不一致。

所以说，不少青春期的孩子都觉得很难与父母沟通，甚至在价值观念、交友方式、生活习惯等方面，都容易与父母产生心理隔阂或摩擦。

随着年龄的增长，青少年不但对人际关系有了新的理解，而且交往需求不断增加，与此同时，又容易出现闭锁、防御、自卑等心理障碍。因此，家长应帮助和引导孩子在人际交往中培养积极的情感与乐观的态度。

五、青春期关键能力培养

青春期是大脑发育的第二高峰期，也是学习的绝佳时期。在这一时期，家长要多给孩子正确的引导，帮助孩子培养内驱力、学习力、成长型思维这三种关键能力。

（一）内驱力培养

内驱力好比汽车的发动机，缺少内驱力的孩子，许多时候只能被人推着往前走。这样的孩子又怎么能成长呢？美国认知教育心理学家戴维·保罗·奥苏贝尔认为，内驱力可以分为三种：一是认知内驱力，即一个人渴望理解和掌握知识的一种需求；二是好奇心，这是学习的潜在动机；三是社会关系和外部环境，即鼓励学习、重视知识的大环境，也会构成学习的内驱力。

以学习为例，家长如何帮助提升孩子的内驱力呢？

1. 做习题要先易后难

有些问题需要"快速处理"能力，有些则需要启动"慢速处理"能力。孩子做习题应先易后难，经过预热，完成简单的题目后，便顺其自然地切换到处理高难度问题上，这样，有助于提升其自信心。

2. 暂时降低学习难度

采取一些措施，把目前的学习难度调低，让孩子跳一跳就可以够得着。比如，如果孩子初三的知识跟不上，那么是否可以从初二补起，先让孩子获得一些学习的成就感。

3. 把学习的主动权交给孩子

好成绩不是强迫出来的，而是在孩子自发自主地想要学习的意愿之上逐渐变好的。故家长要把学习的主动权交给孩子，不要过多地干涉孩子的学习，让他决定自己的作息时间，以及学习的内容。这样，他才拥有一定的自由度，才有更好的学习体验，从而产生更强的学习动力。如果一味在家长的干预下被动地学习，很容易陷入"习得性无助"中。当孩子遇到学习问题或是瓶颈时，家长需要做的，是提供一些有益的建议，或是做一些积极的引导、反馈，具体的解决方法，最好还是由孩子说了算。

4. 给孩子创造低干扰或者无干扰环境

如果孩子可以聚精会神地看一个小时的书，那么这样的效果会比漫不经心学习一个上午要好。这是因为专注力的倾注给了孩子更好的记忆环境。所以，当孩子专注力被启动后，不要随意干扰，这不只是养育的技巧，也是对孩子的尊重。例如，孩子在认真读书、学习时，家长不要随意打断。

（二）学习力培养

"学习力"最早由美国系统力学创始人佛睿特斯 1965 年提出。关于它的定义有很多，其中"三要素说"言简意赅，较容易理解。三要素即学习动力、学习毅力和学习能力。

现在，有不少家长投入大量时间、财力、精力给孩子补课，但是效果并不明显。为什么？因为形式大于内容，没有把握住问题的关键。要提升孩子的学习成绩，关键要提升孩子的学习力，而不是一味地增加孩子的学习负担，或让孩子不断地"刷题"等。可以说，学习力决定了孩子的成绩。在帮孩子提升学习力时，家长特别注意以下几个方面。

1. 激发孩子主动学习的动机

通常，孩子对新鲜事物的探索欲望很强。观察、探索的过程，其实也是学习的过程。相反，如果孩子对周围的事物不感兴趣，也就无法激起学习的欲望。所以，家长平时要多激发孩子的学习动机。比如，让孩子设计一次全家旅行，从计划、实施，到总结经验，以锻炼孩子的独立思考能力和应变能力。

2. 让孩子养成良好的学习习惯

良好的学习习惯，会让孩子受益终身。父母要培养孩子学会：预习功课，及时地完成老师布置的作业；上课认真听讲，积极回答老师的提问；对不理解的内容，要虚心向老师、同学请教等。良好的学习习惯，有利于激发孩子学习的积极性和主动性。

3. 帮助孩子制定一个目标清单

如果孩子没有明确的学习目标，那么他的学习过程就会漫无目的。合适的学习目标，能够指引孩子学习的方向，提升孩子学习的动力，并有助于孩子发掘自身的潜力。目标可以是远期目标、中期目标、短期目标，也可以是单科的目标。

培养孩子的学习力，家长需跟上孩子成长的脚步，不要总是想着把孩子送到补习班，花钱买省心。有效的陪伴与悉心指引，更有助于激发孩子的学习潜力。

（三）成长型思维培养

"成长型思维"由美国斯坦福大学心理学教授卡罗尔·德韦克提出，她认为，人的思维模式可以分为两种：一种是"成长型思维模式"，即认为学习不在天赋，而在于努力，只要自己努力，什么东西都能学会；一种是"固定型思维模式"，即非常相信天赋的作用，面对困难，会轻易放弃。

思维模式不是与生俱来的，培养孩子的成长型思维关键要把握住三个方面。

1. 让孩子积极适应各种变化

孩子的生活学习环境时刻都在变化，如，可能会换老师、换同桌、换小组，等等。面对各种变化，家长要及时给孩子成长型思维的指导，告诉他要注意发现积极的一面。例如：要尽可能发现新环境的优势；多去看一个人的闪光点；对于不可控的外在因素，要学会摆正心态；面对变化，学会主动调整自己的学习计划等。

2. 鼓励孩子接受各种挑战

只有敢于接受挑战，才能进入新的领域，学到新知识、掌握新技能、获得新经验，有更好地成长和进步。否则，每次遇到困难都说"我不行""我不会""我做不到""太难了"，习惯为自己找各种借口，那孩子永远也无法走出舒适区。

在鼓励孩子勇于接受挑战时，家长可从三个方面入手。

首先，设置合理的目标。可以采用 SMART 原则来制定目标，即清晰地描述一个明确具体的目标、使用可衡量的数据描述目标、保证目标的可实现性、小目标和总体目标一致、有开始时间和结束时间。

其次，制订合理的计划。可分三步制订计划：列出挑战目标的障碍；找到突破障碍的方法；列出具体行动计划。

再次，给出做事的要领。家长要指导、监督孩子做事，并给出一些做事的要领，而不是包办或帮助孩子想办法。如果孩子不愿意面对眼前的问题，家长要给予适当的帮助，并注意说服鼓励。

3. 教孩子正确面对各种挫折

在生活与学习中，孩子会面临各种各样的失败、挫折。比如，考试成绩不理想，输掉了足球比赛，想加入一个兴趣小组被拒绝了……这时，要及时给孩子一些成长型思维的指导，让孩子学会理性面对挫折，和坏情绪说再见。比如，多和孩子谈谈心，让他讲出自己的烦恼；和他一起分析失败的原因，提出一些改进的意见或建议；鼓励孩子勇于尝试，认识到失败与挫折的价值，等等。

青春期的孩子面对的不再是单纯的童话世界，而是一个真实的世界。这一时期，培养他们的内驱力、学习力、成长思维，对他们一生的成长都至关重要。

六、青春期需关注的其他问题

（一）正确认识身体映像

有一天，我的咨询室里来了一对母女，妈妈身材丰满，满脸愁容，女儿肤色苍白，一脸的倔强。妈妈说，女儿小丽进入青春期之后，很在意自己的体重，担心自己的身材像妈妈那样圆润。为了控制体重增长，她从小学六年级开始就拒绝吃肉，牛奶、鸡蛋也是一概不吃，三餐只吃水果、蔬菜，就连米饭和面条都吃得很少，这种情况已经持续了两年多的时间。这样的饮食结构确实让小丽的身材苗条、纤细，但是她面色苍白、皮肤暗淡，抵抗力也变得很差，经常感冒生病，丝毫没有这个年龄段女孩子应该有的青春朝气。妈妈很发愁，担心小丽的身体健康，前不久带她去医院检查，结果表明小丽已经属于营养不良，需要立即补充营养。

面对化验单，小丽有所动摇，开始吃荤菜，可是几块炖排骨刚吃下去不到 10 分钟，她就开始控制不住地呕吐，直到把肉吐干净为止，连试了几次，都是这样。这下子，小丽也傻眼了，难道自己这辈子都不能吃肉了？自己选择不吃和不能吃，这可是两码事。

焦急之下，母女才不得不选择求助心理医生。

1. 什么是身体映像

生活中像小丽这样关注自己身材的女孩子比比皆是，特别是身处青春期的孩子，各种身体上的变化都会引起他们的心理变化。这种对于自己身体特征的态度和反应，心理学上称之为"身体映像"。

比如，女孩子觉得自己身材不错，皮肤白皙、腿又直又长、腰很细；男孩们觉得自己肌肉不多、个头很高、瘦一点更好看等等，这些都属于"身体映像"。

在青春期，"身体映像"一直被认为是青少年自我概念发展中的核心要素，在很大程度上影响着青少年的自尊心和他们在团队中的社会地位。通常，一个具有良好身体映像的人，对自己的外表比较满意，也能接纳身材上的某些小瑕疵，比如皮肤有点黑、头发有点黄，并且能主动地发起社交行为，在与异性的交往中也表现得更为自信。

相反，一个身体映像较差的人，对自己的长相或身材不够自信，照镜子总是盯着身体不满意的地方，怎么看怎么觉得碍眼，甚至会用束腹、整容等比较极端的方式来改变外貌。当然，这种不自信也会影响到他们的性格发展、人际交往和恋爱感受。

总之，身体映像影响着青少年的自我评价、受欢迎程度以及同伴的接受性，是一个尤其值得关注的青春期话题。前文我们说到的小丽，就是因为进入青春发育期之后，对自己的身体持有比较负面的身体映像，才会在饮食上苛待自己，甚至出现了神经性厌食症。

2. 父母对身体映像的影响

伴随着生理上的成熟，父母对孩子的身体映像会产生更加微妙的影响。在这里，同样有四个研究发现。

第一，父母对男孩和女孩的身体映象都有影响，但是对女孩的影响更加突出。

第二，父亲对女儿的身体映象有着更大影响，而母亲则主要影响儿子。这可能与家庭当中异性别父母的评价有更大的关联，就是说，女孩会更关心爸爸是怎么评价自己的身材，而男孩会更在乎妈妈的评价。

第三，从角色来看，同性别的榜样影响更大。比如，母亲的减肥行为对女孩影响很大；父亲更应该鼓励男孩加强锻炼，提升肌肉力量，塑造良好体形。

第四，大众媒体对女孩的身体映像、饮食偏好、审美标准等，具有更加重要的影响。

3. 对家长的启示

这么多的研究发现，对于我们的家庭教育有哪些启示呢？

青春期的孩子自我意识高涨，心理发展迅速，情绪变化莫测，他们一方面欣喜于自己身体上的成熟，觉得"我终于长大了"，但另一方面又需要面对这种身体变化引起的手足无措，以及在同学当中的与众不同。所以，父母要尤为关注青春期孩子的身体变化，陪伴孩子度过这个充满挑战的时期。

给父母的五点建议：

第一，同性别关注孩子的每一个身体小变化。爸爸要多跟儿子沟通，妈妈要多跟女儿交流经验，不要因为怕尴尬而不闻不问。只有家长端正态度，孩子对待性发育的态度才会端正。

父母该如何与孩子谈论"性话题"呢？首先，时间上要先入为主，10~11岁可以开启正式的性话题。其次，采取多次谈话的方式，不要试图一次解决所有疑问。第三，在沟通内容方面，主要是回答孩子的问题，而不是家长自己唱独角戏。第四，如果觉得尴尬或难以启齿，可以试着从谈论孩子认识的别人（同学、邻居家的孩子）开始。最后，请牢记要把重点放在孩子身上，而不是分享个人性经历。

第二，异性别的父母负责做出正面评价，引导孩子建立积极的身体映像。在国内很多家庭中，异性别的父母会尽量避免跟孩子谈论生理发育的话题，但是，我们可以用赞赏的眼光和积极的语言来肯定孩子的成长及改变。

比如，妈妈可以说"我儿子长大了，瞧胳膊上这肌肉"，爸爸可以说"我女儿长得真招人喜欢，单位同事都羡慕我呢"，用这样的语言来帮助孩子建立更加积极的身体映像。

第三，早熟的女孩更容易自卑，要更关注她们的心理健康。身为女性榜样的母亲，要更积极地引导孩子们接纳和认可自己身体的变化，形成正向的身体映象。

第四，面对早熟的男孩，要更关注他们的性冲动。早熟的男孩在同伴中的地位一般比较高。但也是因为发育早，会更早出现性好奇和恋爱动机。这个时候，父亲要积极地引导男孩，既接纳儿子对自己性冲动的不知所措，又不打击孩子对异性的好感，还要提醒他学会为自己的行为负责。

第五，面对晚熟的孩子，重点是让其走出自卑。孩子如果发育较晚，都会在同龄伙伴当中有点儿抬不起头。所以，克服自卑，就成了父母需要和晚熟的孩子一起来面对的问题。同时，我们也要理解孩子因自卑所引发的一系列问题行为，比如，有些青春期的孩子会给自己化浓妆、在身上穿孔纹身，等等，这可能是出于他们想在小伙伴中引起注意和崇拜的心理，并不意味着孩子们在"学坏"。

青春期形成的身体映像，会持续影响我们几年、甚至十几年的自我认知和社交风格，因此尤其值得特别关注。人人谈之色变的青春期，谁还没有经历过？想想我们自己当年的青春期糗事，或许，就能对孩子们多一分理解和包容。

（二）正确认识早恋

青春期的孩子，都有可能面临一大难题：早恋。父母对此往往会第一时间坚决反对，并条件反射地做出过激行为。其实，早恋是青春期的正常现象，毕竟青春靓丽本身就会产生巨大的吸引力。当然，早恋导致的后果还是比较严重的，轻则干扰正常学习，重则导致代际背叛。

案例：亚楠在市区最好的高中读高二，从小就比较听话，身材高挑，清秀好看，性格开朗，乐于助人，成绩较好。春节前，亚楠有天回家突然和妈妈说，班里有个男生喜欢她，有事没事总爱找她说话，挺耽误她学习的。亚楠明确说，她不喜欢那个男孩子。

妈妈说：这样吧，你让朋友去告诉那个男孩子，不要这样了。

但后来，那个男孩子还是有事没事都往她座位上凑，拉着她说一些和学习无关的闲话，或者故意做一些哗众取宠的事情，吸引亚楠的注意。女孩不知不觉受到影响了，虽然她嘴里说不会和那男生来往，还说和他说话从不客气，但妈妈能感知到闺女的无奈和暗自窃喜。

妈妈非常担心孩子的成绩，可是除了跟孩子说现在还不是谈恋爱的时候，也没有更好的主意。甚至想找班主任或对方家长说这件事儿，又怕自己处理不好，因此非常苦恼。

高中的孩子，已经具备了谈恋爱的身体和心理条件。他们渴望靠近一个人，也期待有人能懂自己。对于孩子们这样的需求和感受，父母首先要接纳、体谅、安抚，要给予帮助，而不是举起高考的大旗，拿起说教的棒槌，大喝一声："早恋可耻，现在不是恋爱的时候，你赶紧把心给我收回来，否则将来有你吃苦后悔的时候。"

青春期的孩子，因为自主意识在觉醒，所以你越禁止他，他就越想尝试。很多孩子，就是偏要在父母和老师的禁令下，偷偷摸摸地谈恋爱。为了这不被认可的"恋爱伟业"，他们撒谎欺骗，躲藏遮掩，反而消耗更多精力。

所以，对于青春期的孩子来说，相比恋情本身，让他们更痛苦的，往往是父母和老师对"早恋"的禁止和反感，以及拿"早恋就是思想不正经"的说教对他们攻击和羞辱。我们要让孩子真切地知道：在情感问题上，我们可以拒绝他人，但无权羞辱他人，更不该把曾喜欢我们的人推向八卦和恶意的中央。因为，今天可能是我们拒绝别人，明天也可能是别人拒绝我们。

如果你善于观察孩子，就不难发现：那些有正确恋爱观，并被家长接纳的孩子，要么高中时不会"早恋"，因为他们有清醒的目标和认知；要么即便谈了恋爱，非但没有影响学习，反而越来越进步，他们把好大学的录取通知书，当成了爱情的信物，和喜欢的人共同约定，一起追逐。

面对孩子的"早恋"，相比责难和羞辱，父母或许更要做的是：共情和引导，接纳和守护。面对孩子，别说太正确的话，多做有共鸣的事儿。

第三章

家庭环境对家庭教育的影响

第一节　家庭生命周期与家庭教育阶段

一、家庭生命周期理论

家庭生命周期概念，最早由美国人类学者 P. C. 格里克于 1947 年提出。后来，家庭治疗师贝蒂·卡特和麦妮卡·麦卡德里克完善了这一框架，加入代际视角，使"家庭生命周期"的概念更加完善。

如今，家庭生命周期是指一个家庭从诞生，到经历不同的发展阶段，直至瓦解消灭，被新的家庭所取代的自然过程，具有普遍性与个性化。每个阶段都有相应的特点，都需要家庭成员在关系和心理上做出实时调整和自我改变。如果调整顺利，家庭就能顺利进入下一个阶段；如果调整不顺利，那家庭中的每个人都会因此痛苦。调整顺利的关键点是遵循家庭教育规律，对每个阶段采取针对性的措施，形成方法链，进而产生内在的能量传递系统。

关于家庭生命周期的阶段划分不尽相同。德国社会学家瓦尔纳把西方的核心家庭划分为四个阶段，即准备与建设阶段、抚养和教育阶段、分离阶段、老年阶段。美国学者格列克从家庭的形成、扩展、稳定、收缩、空巢到解体，把家庭分为六个阶段。

社会学家伊芙琳·杜瓦尔将家庭生命周期分为八个阶段，分别为：婚后尚无子女阶段；生儿育女阶段（最大孩子出生 30 个月）；家有学龄前儿童阶段（最大孩子 2.5~6 岁）；家有学龄儿童阶段（最大孩子 6~13 岁）；家有青春期孩子阶段（最大孩子 13~20 岁）；孩子另立门户阶段（最大孩子离家到最小孩子成人）；中年父母生活阶段（从孩子全部离家到夫妻退休）；老年家庭生活阶段（从退休到夫妻去世）。

与之相比较，传统的家庭生命周期理论习惯将家庭的发展划分为五个阶段。

（1）单身阶段。在大学读书，或是刚步入社会的年轻人，大多处于这一阶段。

（2）新婚阶段。这一阶段始于年轻人正式组建家庭，止于他们的第一个孩子出生。为了形成共同的生活方式，夫妻双方均需要做很多调整。一方面，共同决策和分担家庭责任，对新婚夫妇是一种全新的体验；另一方面，双方会遇到很多以前未曾遇到和从未考虑过的问题，如进行家庭储蓄等。

（3）满巢阶段。从第一个孩子出生，到所有孩子长大成人并离开父母，被称为满巢阶段。由于这一阶段持续时间一般要超过 20 年，因此可以进一步分为满巢Ⅰ、满巢Ⅱ和满巢Ⅲ三个阶段。

在满巢Ⅰ阶段，孩子不足 6 岁，他的出生会给家庭生活方式和消费方式带来很多变化，并增加了家庭的负担。

在满巢Ⅱ阶段，最小的孩子已超过 6 岁，多在读小学或中学。因为孩子不用大人在家照看，夫妻中原本陪护孩子的一方已回归工作岗位，家庭经济状况得到改善。

在满巢Ⅲ阶段，家庭主要由年纪较大的夫妇和他们仍未完全独立的孩子所组成。在这一阶段，有的孩子已经工作，家庭财务压力相对较轻。

（4）空巢阶段。空巢阶段始于孩子不再依赖父母，且不与父母同住。这一阶段持续的时间较长。在空巢后期，父母多数到了退休年龄，经济收入减少，家庭支出更多侧重于健康类产品与服务。

（5）解体阶段。当夫妻的一方离世，家庭进入解体阶段。如果在世的一方身体尚好，有足够的储蓄及亲朋好友的关照，家庭生活的调整相对容易。

在这一阶段，由于收入减少，此时在世的一方，往往会选择节俭的生活。

家庭生命周期没有描述个人处于未成年人时期的家庭状况。因为一个新家庭的诞生是从新婚夫妇结婚成家开始的，在此之前的阶段，我们称之为前家庭期。

家庭教育作为一个重要的家庭功能和发展课题，在家庭周期的不同阶段要面临和解决不同的问题，而且，每个阶段之间环环相扣，形成严密的教育生态系统。优质的家庭教育，有助于家庭周期的良性循环；有问题的家庭教育，则为下一阶段的发展带来不利影响。

二、家庭教育阶段划分

家庭教育随着一个具体家庭的诞生而诞生，并随着这个具体家庭的变化而变化。同时，每个家庭自身的背景与条件差异性大，很难出现完全相同条件的家庭，也就必然决定了家庭教育具有"个性化"，即在相似的家庭周期中必然出现教育机制差异化。可见，家庭教育与家庭生命周期相互影响，特别是在家庭教育阶段的划分上，体现得更加充分。

（一）家庭教育准备期

严格来说，为人父母，并不是从孩子出生那一刻才开始的，而是从准备阶段就开始了。人们时常会说"不要让孩子输在起跑线上"，这个"起跑线"不是幼儿园，也不是小学，而是准备做爸爸妈妈阶段，即开始意识到自己的角色将要转换的阶段。

在这一阶段，准爸爸妈妈要做好这样几件工作：双方身体要保持最佳状态；双方心理要调整到最佳状态；建立一定的经济基础；学习一些孕产知识及养育知识；做好孕前检查。

（二）家庭教育孕育期准备阶段

这一阶段要储备一些优生优育优教的知识，并为新生命的诞生做好心理和物质准备。具体来说，就是做好三件事。

（1）重视婚检、孕前检查和优生指导。主动参与婚前医学健康检查，选择适宜的受孕年龄和季节，并注意形成良好的生活习惯。如果是大龄孕妇，或有致畸因素接触史的孕妇，应做好产前医学健康咨询及诊断。

（2）关注孕期保健，孕育健康胎儿。掌握优生优育知识，定期进行孕期筛查和产前诊断，做到早发现、早干预。同时，避免烟酒，科学地增加营养、合理作息、适度运动，进行心理调适，促进胎儿健康发育。

（3）做好相应准备，迎接新生命降临。准家长要学习育儿的方法和技巧，购置婴儿生活必备用品和保障母婴健康的基本卫生用品，营造安全温馨的家庭环境。

（三）0~3岁子女家庭教育期

0~3岁是大脑发育最快的时期。孩子出生之后，便会积极探索周围的事物，在动作、语言、情感、社会性等方面具有良好的发展潜能。出生后3天的孩子可以把视线集中在母亲脸上，在4~5个月大时，就已经具有视觉反应能力，半岁的婴儿可以形成初步概念，1岁后的婴儿具有语言能力、推理能力。

在这一阶段，家长要根据孩子生长发育的特点，有针对性地开展早期亲子教育，把开发幼儿潜能、爱护幼儿身心健康、培养幼儿性格、养成良好习惯作为目标，以有效提升幼儿综合素质。

（四）入园子女家庭教育期

3~6岁是孩子的入园时期，在这一时期，家庭教育的主要任务是：巩固先前形成的良好生活习惯，并开始培养好的学习习惯和性格。

这一时期的孩子一方面对父母依赖心理较强，另一方面，又有一定的自我意识，希望父母依照自己的意识行事。所以，家长要多与孩子沟通，多了解孩子的内心，正确对待孩子的"执拗"。因为很多时候，孩子的"无理取闹"，不听话，甚至是胡搅蛮缠，其实都是在寻求一种安全感。毕竟在他们眼中，父母无所不能。

（五）入小学子女家庭教育期

在6~12岁这个阶段，家庭教育的主要任务是：巩固上一阶段的良好学习习惯，培养其独立的人格。特别是对孩子学习兴趣的培养，让其喜欢学习，善于学习，能够高效完成作业。这一年龄段的孩子会有意模仿他人的行为和言语，所以，要多鼓励孩子去发现和体验，尝试不同的事物，让孩子明白，他也是一个独立的个体，要勇于去独立行动。

（六）入中学子女家庭教育期

俗话说："临崖失马收缰晚，船到江心补漏迟"。家庭教育各阶段中最具有考验性的就是中学阶段如何配合学校开展教育。

12~18岁是读中学的阶段，在这一时期，家庭教育的主要任务是：在巩固孩子情商的同时，帮他打开人生的格局，增强战胜一切困难的本领，特别是面对高强度的学习及升学压力，必须具有自我化解的综合实力。这时的孩子处于叛逆期，独立意识较强，所以，经常会顶撞父母，反抗权威，并有意与父母保持心理距离甚至物理距离。因此，在纠正孩子问题时，父母不可直来直去，要采用一定的教育方法。正如雏鹰开始想要展开翅膀，我们要做的不是阻止，而是点醒、守护。当然，他们在成长中肯定会犯一些错误，只要不是原则性的错误，要尽量尊重他们的选择，并给予相应的自主权。这里，最关键的一点是如何避免原则性错误：必须在生活中认真观察，从细节中发现可能出现的原则性错误，并预警式给予提醒，才有可能将原则性错误消灭在萌芽状态。

（七）青年子女家庭教育期

孩子在18岁之后，即进入了读大学的阶段，也就是青年期。这一时期，家长应侧重孩子的自我教育，以弥补家庭教育和学校教育的不足。父母要多给予引导、扶持，促进孩子的心理成熟、社会成熟，帮助孩子"学会选择"特别是学会"理性放弃"，以增强其"理性决策"能力。当然，青年的生理、心理和社会性等方面的成熟并不是同步的，这也会给家庭教育带来一些特殊任务。比如，指导他们正确面对友谊与爱情；教会他们正确处理个体与社会的关系；决不犯低级错误；避免重大选择错误特别是未来事业方向，等等。

上述几个阶段环环相扣，符合孩子的成长规律，前一阶段为后一阶段打基础，后面某一个阶段出现的问题往往又能从之前的一个或多个阶段找到原因。

第二节　家庭结构与文化对教育的影响

一、家庭结构的定义

家庭是通过血缘、姻缘或收养关系组合成的社会生活基本单位。它作为一种特殊的社会细胞，与其他社会群体、组织一样，有着自己复杂的内部结构与内生机制。

家庭结构，即家庭的构成状况，这种构成不是指家庭的经济、职业、文化的构成，而是特指家庭中成员的构成及其相互作用、相互影响的状态，以及由于家庭成员的不同分工和组织的关系而形成的联系模式与作用方式。

家庭内部各个因素之间的矛盾与差异性，以及社会背景、环境的变化等因素，会造成不同的家庭结构。家庭的结构会左右家庭的职能，影响家庭的观念及家庭教育方式。

从家庭结构的定义可以看出，具有两个层面：一是指具体的人员构成；二是指家人间的互动和关系的整体模式。这两个层面分别相当于家庭的硬件和软件。

从互动和关系的层面来看家庭结构，它具有如下特征：

1. 家庭结构的抽象性

家庭结构是在家庭成员的交往过程中形成的，也表现在家庭成员的交往过程中。离开了家庭成员及其互动，就无所谓的家庭结构。离开了对家庭成员的交往过程的考察，家庭结构也就无从把握。

2. 家庭结构的真实存在性

家庭结构虽然抽象，但又是真实存在的，它制约着成员在家庭中的角色以及彼此间的期待。可以说，家庭结构固化了的家庭关系与幸福指数，成为家庭教育的前提条件。

3. 对家庭成员产生影响

家庭结构对家庭成员的生理、心理和行为有着重要的影响。健康的、富有弹性的家庭结构对家庭成员的身心和成长具有正面的影响，反之亦然。

4. 受外部大环境影响

家庭与社会保持着千丝万缕的紧密联系，其"外部大环境"，主要指社会、经济、文化和社区文化等宏观环境。整体而言，家庭的总体性结构特征是随着社会的变迁而不断变化的。但是具体到每一个家庭，其结构又是非常具体的。

二、家庭结构的类型

社会学、人类学家从不同的角度对家庭进行了类型划分，其中，较为常见的家庭结构分类，是以家庭代际层次和亲属关系为标准划分的，主要有如下几种类型。

（一）核心家庭

核心家庭是指由一对夫妻及其未成年或未婚子女组成的家庭。与传统的数代同居的大家庭相比，核心家庭具有明显的优势：家庭结构较为简单，对亲属网络的依赖性小；家庭内部呈现出夫妻、父子（女）和母子（女）三种关系，是所有家庭结构中最稳定的一种形式；家庭生活中的矛盾和纠纷较少，易形成平等关系和民主气氛；满足了不同代人对不同生活方式的追求。

与主干家庭比，这种家庭中父母教育的自主权较大，在教育观念方面也较主干家庭更接近时代，在家庭教育方面有更多优势。但如果这种家庭中存在教育理念不一致现象，也会对儿童的心理发展产生不良影响。

（二）主干家庭

法国社会学家 F. 勒普累最先提出了主干家庭的概念。他认为，19 世纪欧洲的家庭可以分为三大类：父权家庭、不稳定家庭、主干家庭。这里的"主干家庭"，也叫"直系家庭"，指以父母为主干的一种家庭形式，基本结构为：由夫妻和一对已婚子女，如父、母、子、媳组合而成的家庭。

其具体的构成有三种：

（1）由父母（或父母一方）和一对已婚子女组成的家庭。

（2）由父母（或父母一方）、一对已婚子女及子女的子女共同组成的家庭。

（3）由父母（或父母一方）、一对已婚子女及其他家属（主要是子女的未婚兄弟姐妹）组成的家庭。

主干家庭有一个明显的教育优势，就是有助于培养代际间的同情心和感情。在现代社会中，主干家庭在全部家庭中所占比例正逐渐减小。

主干家庭具有层次较多、成员较多、规模也比较大的特点，对后代的教育与核心家庭有明显的区别。主干家庭的老一辈多是已经离退休的老年人，他们有充裕的时间和精力，又有教育子女的经验。

（三）扩大家庭

扩大家庭的概念由美国人类学家 G. P. 默多克首先提出。它是指由核心家庭或主干家庭加上其他旁系亲属组成的家庭。扩大家庭规模较大，累世同堂，人丁兴旺，但等级森严，多实行家长制，家庭经济、家务、财产乃至青年男女的婚姻都由家长安排或控制。一般来说，扩大家庭是核心家庭同代横向扩展的结果，它的主要特征是家庭人口较多，彼此关系复杂。

曾经，扩大家庭是"家和"的象征，人们常用"子孙满堂"来表述这种家庭的幸福感。当然，也有人指出，这是对中国传统社会"大家庭"的一种误解，真正的所谓的大家庭，只存在于世族门阀之中。如今，扩大家庭在现实中并不多见。

（四）夫妻家庭

顾名思义，夫妻家庭就是只由夫妻二人组成的家庭。常见的类型有：不愿生育孩子，向往二人世界的夫妻；子女不在身边的空巢家庭；还尚未生育的夫妻家庭。目前，虽然我国人口的生育意愿呈下降趋势，但是，夫妻家庭在社会中只占少数。

（五）单亲家庭

单亲家庭指，孩子只跟随父亲或是母亲生活的家庭。单亲家庭大体有这么几类：

（1）由未婚的父亲或母亲一方与未婚子女组成的家庭。男女双方因为偶然性的非婚姻关系、短时间的非婚同居而生育子女，由于这种婚外两性关系的结束，致使子女与父亲或母亲中的一方共同生活。

（2）单身者由于采取人工受孕等方式生养子女，单身者也因此成为单身母亲或父亲，与其子女组成的家庭。

（3）核心家庭中配偶一方因离婚、死亡、出走、分居等原因使家庭成员不全，进而由另一方与孩子组成的家庭。

如今，单亲家庭数量的上升，与较为普遍的未婚同居现象、离婚率居高不下等有密切关系。相应地，随着单亲家庭数量的增长，完整家庭的数量在不断下降，由此直接影响家庭教育的顺利开展。

（六）隔代家庭

隔代家庭是指，由于父母在异地工作，或亡故、离异，孩子只能与祖父母居住在一起，从而形成的一种家庭形式。在常见的由祖辈与"留守儿童"组成的隔代家庭中，家庭教育面临严峻的挑战，特别是"留守儿童"所引发的连锁效应，可能直接导致家庭教育的断裂。

与一般家庭相比，隔代家庭有非常明显的特点。比如，老年人的人生经验要比年轻父母更加丰富；在时间方面，老年人有充足的时间和精力，而在教育过程中，老年人也更加有耐心。

当然，这种家庭的劣势也较明显。比如教育观念老套、过分宠爱孩子、弱化了孩子的自理能力等。

伴随着社会的不断发展，中国的家庭结构类型也在不断变化。总体而言，家庭结构类型不仅受人口、婚姻的影响，也受家庭内部各因素的相互作用影响。家庭结构的不同，决定了家庭功能、家庭观念等方面的不同。

三、家庭结构对教育的影响

孩子的健康成长，离不开良好的家庭环境。在组成家庭环境的各个因素中，家庭结构非常重要。一般而言，正常的家庭结构有利于孩子维持一种顺畅、和谐的状态；而不完整，或是不正常的家庭结构，易使孩子经常性地产生失落感，长此以往，不利于孩子健康性格的塑造。

（一）家庭结构的影响

家庭是每个人出生和成长的基础，是生活的起点，是孩子个性形成的最主要场所。家庭是一个复杂的系统，家庭结构中每一个因素的变化，都将会对孩子的个性产生影响。下面，主要从核心家庭结构、主干家庭结构、特殊家庭结构三个方面来阐述家庭结构对家庭教育的影响。

1. 核心家庭结构对孩子的影响

核心家庭的最大特点是对亲属网络的依赖性较小，灵活性、独立性、机动性较大。它有利于培养孩子的独立性，满足不同时代的人对不同生活方式的追求，有利于形成家庭中的平等关系、权利、嗣系，同时，简化的家庭人际关系，大大地减少了现代家庭生活中的矛盾和纠纷。

对家庭教育来说，核心家庭结构有一个明显的教育优点，就是父母接触子女的机会较多，有利于父母在孩子的早期教育中投入更多精力、时间。

一般来说，核心家庭的孩子在好奇心、自信心、坚持性、独立性、自尊心、情绪稳定性等方面均优于其他家庭结构中的孩子。他们活泼好动、思维敏捷、兴趣爱好广泛、诚实自尊，有强烈的安全和归属感，遇到问题能够独立思考，有较强的独立生存力与独立思考能力。

当然，核心家庭结构也并非是完美的，它也有自身的缺点。在核心家庭中，人际关系比较简单，孩子很少见识复杂的人际交往，故在与他人交往时，他们往往比较拘谨，甚至易产生焦虑，这在一定程度上会影响其个性的发展。

2. 主干家庭结构对孩子影响

主干家庭教育中，孩子一般要与三代人打交道，因此孩子的教育者，至少包括父母和祖父母两代人，因而主干家庭教育的利弊都很显明。

有利之处在于：有利于培养孩子的角色意识与尊老爱幼的品德，以及孩子的人际交往能力及环境的适应能力等。

不利之处在于：家庭中人际关系较复杂、矛盾多，容易形成"代沟"，对孩子成长不利；隔代人溺爱严重，特别是一些独生子女，因此极易形成固执、任性、缺乏自制力的性格特征；年轻父母的教育观念与祖辈的养育经验会产生冲突，从而会削弱教育效果。

3. 特殊家庭结构对孩子的影响

这里的特殊家庭结构，主要指离散家庭、单亲家庭、重组家庭。

（1）离散家庭结构。离散家庭指那些因特殊原因父母与子女分居多地的家庭。在这类家庭中，由于父母生活节奏快，忙于工作，没有时间照顾孩子，加之社会舆论的不良影响，孩子容易产生愤怒、恐惧、悲伤等消极情绪，多表现为情绪波动较大，自我控制能力较差等。如果平时对孩子疏忽管教，其很可能形成散漫、冷漠等个性特点，家庭教育基本上处于荒废状态。

（2）单亲家庭结构。单亲家庭的子女一般由母亲或父亲单个抚养。这种家庭的孩子在受到不良情绪的感染后，易表现出恐惧、焦虑、神经质等。由于婚姻的失败，单亲家庭结构中的父亲或母亲，要么对子女产生溺爱有加，要么缺乏关爱，这两种极端都不利于孩子良好个性的形成。另外，在单亲家庭中，如果孩子受到过分严厉的教育，又易形成自卑、抑郁、冷酷等个性。单亲家庭教育在性格培育与心理健康等方面面临天然的短板。

（3）重组家庭结构。重组家庭结构是指由两个单亲家庭重新组合的再婚家庭或同居家庭。在重组家庭结构中，孩子经常会受到来自两个单亲家庭中的"不公平"待遇，或者下意识认为受到了不公平待遇，这会使其心理蒙上阴影，进而形成焦虑、怀疑、敏感的个性特征，家庭教育往往会面临"谁教育"的难题，一旦教育主体错位，必然导致教育失败。

综上所述，虽然不同的家庭结构对孩子有着不同的影响，但是我们不能将孩子不良个性的形成，完全归因于残缺家庭结构的影响。毕竟，完整家庭结构中也存在着不利于孩子个性形成的因素。所以，要全面客观地看待不同家庭结构对孩子个性影响的问题。

（二）家庭关系的影响

孩子在接受家庭教育的过程中，始终会受到家庭成员的影响。所以，融洽和睦的家庭关系对孩子的成长至关重要。因此，家长应该处理好家庭成员之间的关系，避免其对孩子产生负面影响。

一般来说，家庭关系对孩子的影响主要体现在四个方面。

1. 家庭关系影响孩子的性格

精神分析心理学家弗洛伊德在进行心理治疗的时候，会密切地关注求助者的童年经历，在他看来求助者的心理问题很多时候就是原生家庭带来的负面影响。

从一个积极乐观的孩子身上，我们也能感受到一种和睦的家庭氛围。可以说，孩子是父母的镜子。反过来我们也可以在父母身上看到孩子的影子，如果父母乐观、坚强、勇敢、善良、睿智，那孩子很难成为问题少年。

科学研究表明，个体小时候成长在一个温馨和谐的家庭关系中，个体也会形成一个相对较为积极的性格；如果生活在一个父母关系不和谐，经常发生争吵与打骂的环境中，孩子极易形成敏感、自卑、冷漠的性格。从这个意义上说，这个世上没有坏孩子，只有不称职的父母。

2. 家庭关系影响孩子的情商

如果家庭其乐融融，父母开朗乐观，那么，孩子的情商也会在不知不觉中提高，变得活泼主动、积极向上。特别在婴幼儿时期，如果孩子缺少父母的关爱，或者家庭成员整日生活在阴郁、抱怨、痛苦中，那孩子较容易形成自卑和抑郁的性格。因为在他原始的记忆中，很少能感受到家庭带给他的阳光与快乐。也就是说，在 3 岁前，如果家庭关系不和睦，家庭成员经常表现出负面情绪，那会对孩子产生非常消极的影响。所以说，家庭关系对孩子的情商有重要影响，并且负面影响具有不可逆转性。

3. 家庭关系影响孩子早期的婚姻观

在现实生活中，为什么有些人会恐婚？是他们自身出了问题吗？当然不是，而是因为他们没有在自己的原生家庭中感受到婚姻带给父母的幸福，取而代之的是，父母整天吵闹。这会使他们从小就形成一种观念：婚姻是不幸福的源头，如果没婚姻，就会少去许多烦恼。

如果家庭关系和睦，那孩子就不会恐婚，他会勇敢地谈恋爱，而且他还会把自己的父母的特点作为筛选另一半的标准，因为在他心里父母是完美的，自己只有和他们一样才会幸福。

4. 家庭关系影响孩子的社交能力

孩子社交能力和家长的亲子教育有着很大的关系。比如，孩子性格过于敏感，是因为自我认知较低。再如孩子非常渴望友情，但是遇到问题却容易退缩，是因为存在自我嫌弃心理。如果孩子长期生活在较封闭的、很少与外人交往的家庭中，那他通常会在家人和外人之间划上明显的界限。由此可见，家庭关系对孩子的社交能力有重要影响。因此，家长除了要鼓励孩子多与同龄人交往，并为孩子创造更多社交机会外，还要处理好家庭成员间的关系。紧张的家庭关系，往往会带来很多家庭教育问题。反之，和谐的家庭关系有助于形成融洽的亲子交往氛围，以及塑造孩子良好的社交能力。

（三）家庭氛围的影响

家庭的氛围对孩子有着潜移默化的深度影响，良好的家庭氛围对孩子的个性发展、智力开发以及思想品德的形成非常重要。通常，良好的家庭氛围主要体现在五个方面。

1. 情感氛围

情感氛围主要是指家庭成员的情感、兴趣、爱好、谈吐、教养、作风等。比如，家庭成员思想活跃、相处融洽，就会使人产生一种温暖的感觉。而如果家庭成员彼此之间关系冷淡，就会令人感到压抑。情感氛围直接关系着孩子的个性形成与智力发展。这是因为情绪、情感对学习和记忆有着重要影响，愉快的情绪能提升学习的效率，有助于熟练地掌握技能技巧，良好的情感则有利于孩子身心的健康发展。

有些家庭中，父母一方或双方由于忙于工作、生意，很少有时间和孩子一起坦诚交流，即在情感上疏远了孩子。长此以往，孩子容易形成抑郁、敏感、多疑、易怒、冷漠、孤僻、缺乏责任感和同情心等人格缺陷。

因此，孩子需要的不只是物质上的满足，还应有心灵上的抚慰和情感上的寄托，只有在爱的环境中，他们的身心才能健康发展。唯有身心健康，学习上才有可能安心、静心、认真。

2. 求知氛围

儿童时期，孩子的主要任务是培育学习兴趣、提升智力。所以，家长要创造一种求知的氛围，让孩子从小在这种氛围中养成良好的学习习惯。父母的求知态度对孩子的影响非常大。平时，如果父母多刻苦钻研业务，多读书，便会潜移默化地影响孩子。

阿基米德是闻名于世的科学家，他的父亲费狄亚是希腊著名的天文学家、数学家。费狄亚渊博的知识使小阿基米德的聪明才智得到充分发挥，尤其是费狄亚爱科学、献身科学的精神以及刻苦钻研学问的求实态度，深深地影响着阿基米德，使他成为名扬千古的"想撬动地球的人"。不少类似的例子都说明，浓郁的家庭求知氛围，对孩子良好学习习惯的形成具有重要影响。

3. 道德氛围

道德氛围包括多个方面的内容，比如尊老爱幼、和睦相处、勤俭持家、遵纪守法等。要营造良好的道德氛围，父母首先要做出榜样和表率。有这样一个小故事：

古时，有一对夫妻，平时不怎么尊重孩子的奶奶，孩子经常见妈妈让奶奶用木碗吃剩下的饭菜。有一天，夫妻二人看见儿子在削一块木头，便问他削木头干什么。孩子答道："我在削木碗，准备给你们老了用！"夫妻俩立刻明白了，以后再也不让老人用木碗吃饭了。

俗话说："上梁不正，下梁必歪。"父母德行如何，会直接影响孩子的品行。在营造道德氛围过程中，父母始终要严于律己，为孩子做出榜样，这有助于提升孩子的道德认识，并影响其道德情感和行为习惯。

4. 家风氛围

家风是一种综合的潜力巨大的教育力量，它是包含思想、生活习惯、情感、态度、精神、情趣及其他心理因素等多种成分的综合体。家风通过日常生活影响孩子的心灵，塑造孩子的人格，是一种无言的教育、无字的典籍、无声的力量，是最基本、最直接、最经常的教育，它对孩子的影响是全方位的，孩子的世界观、人生观、性格特征、道德素养、为人处事及生活习惯等，每个方面都会打上家风的烙印。

5. 心理氛围

家长的心理特征对孩子的心理发育有着重要影响。要创造并保持良好的家庭心理氛围，需注意如下几点：

首先是平等。平等是创造良好的家庭心理氛围的前提。父母、子女任何一方的优越感都会对其他家庭成员造成心理压力，从而产生心理隔阂。

其次是理智。只有保持理智，克制自己的心理冲动，并冷静地对待和处理问题，才有利于保持良好的家庭心理氛围，而更重要的是有利于孩子形成稳定的心理特征。

再次是开放。这里的"开放"，是指家庭成员能够开诚布公地表达自己的观点，而不是毫无顾忌地发泄。另外，家长的教育能力和家长之间关系，也直接影响良好的家庭心理氛围的形成。

总之，家庭氛围对孩子的人生观、世界观、价值观的形成有重要影响。

好的家庭氛围，是孩子健康成长的营养液，滋润着孩子的心灵，点亮了孩子的人生。

四、家庭文化对教育的影响

家庭文化是一种客观存在的特殊的社会现象，它是以家庭为单位，家庭成员为主体的精神文明与物质文明的复合体，表现在衣、食、住、行等诸多方面。它对幼年时期孩子的成长会产生重要影响。下面着重从父母的受教育程度、家庭文化氛围、家庭文化活动三个方面来阐述其对家庭教育的影响。

（一）父母的受教育程度

受教育程度不同的父母的教育观存在明显的差异。整体来说，这种差异主要体现在以下三个方面。

1. 影响家庭教育理念

文化程度高的父母教育意识强烈，教育方式趋向理性、开放，教育行为更加自主、独立，对教育目的理解明确，眼光放得远。他们容易理解孩子的内心世界以及遇到的问题，并能提供一些有效的指导。同时，这些家长也愿意花更多时间、精力来关注孩子的成长，如给孩子辅导功课，购买学习工具，了解孩子在校表现，注意孩子与什么人交往，教给孩子理财之道，当孩子遇挫时，帮助孩子分析原因。这些行为不仅对孩子的成长有积极帮助，而且有助于家长与孩子彼此了解、沟通，从而建立良好顺动的亲子关系。

相对而言，受教育程度较低的家长，对家庭教育的地位与作用认识不足，他们更偏重孩子的学习成绩，经常容易忽视孩子在其他方面的发展，而且，在孩子出现一些心理问题时，也很少能给出有针对性的指导，甚至还会采取粗暴式教育。

2. 影响孩子的学习兴趣

好奇是孩子的天性，也是学习的第一动能。孩子成长过程中，会对周围的很多事物产生浓厚的兴趣。他们经常会向父母提出各种各样的问题。其实，这些问题中包含着求知欲，孕育着智慧。爱因斯坦说："我的思想的发展在某种意义上常常来源于好奇心。"面对孩子的提问，家长能否给出正确的答案，或是因势利导地启发孩子，对孩子的思维方式、学习兴趣与习惯等的形成有重要影响。

保尔·埃尔利希曾获得诺贝尔医学奖，被称为"血液学和免疫学之父"。他之所以对医学感兴趣，是因为受到家庭的影响。他的父亲是一位著名的医生，在父亲做医学实验时，他时常会站在一旁好奇地观察。与此同时，他学会了从丰富的医学藏书中寻找一个又一个答案，并逐渐成为父亲的小助手。可以说，他走上医学研究之路，并获得了重要的研究成果，与父亲的熏陶不无关系。

在现实中，医学世家、教育世家、艺术世家，诸如此类的书香门第，是文化传承的结果。藏书、故事讲述、信息交流评价、观察、实践等文化氛围的间接暗示，常常把孩子的好奇心诱发上兴趣、志趣之路。

3. 影响孩子的综合素质

父母的素质高度决定孩子的素质高度。父母受教育程度对于孩子的身心健康和全面发展有着重要影响。受教育程度高的家长，眼界比较宽一些，不只关心孩子的学习成绩，还关心孩子的心理成长与综合素质的提升。相较而言，受教育程度较低的家长，对老师或学校教育依赖心理较强，他们虽然关心孩子在校的表现与学习成绩，但不善于指导孩子如何去学习，以及从整体上去提升孩子的素质。

总之，家长受教育程度对于孩子心理成长与学业进步有着重要影响。因此，要增强家教的实效性，须从提高家长自身文化素质和思想道德修养着手。

（二）家庭文化氛围

作为孩子生活、学习的最初学校——家庭，其成员的文化程度、道德修养、审美情趣、性格特征、思维品质、生活方式等都会对孩子产生潜移默化的影响。这些影响主要体现在以下几个方面。

1. 思想品质的导向

成人是人生的最大难题。成人绝非"成人礼"而自然实现，家庭教育可以发挥特殊的作用。

家庭教育的一个重要任务是让孩子学会做人。究竟应该做一个什么样的人呢？年幼的孩子懵懂无知，但是，父母可以通过特定的家庭文化氛围来熏陶他们，让他们逐渐懂得哪些事该做，哪些事不该做。

德国著名法学家卡尔·威特，从小就在父亲指导下背道德诗，并学以致用做善事，同时记在一本"行为录"上，留作永久纪念。由于父亲这样的鼓励，威特为了一辈子做好事而奋斗不止。

有些家庭中，父母的思想道德水平较低甚至还有不少恶习，不注重孩子的思想品质提升，甚至会向孩子传递错误的道德观，这不利于孩子的健康成长。例如，有的父母喜欢占小便宜，经常小偷小摸，当着孩子的面也不避讳，孩子潜意识会认为这是"对的"，并可能会效仿这种行为。有的家长嗜赌成性，孩子耳濡目染，便容易沾上赌博的恶习。

所以说，家庭文化特别是父母的道德水准、世界观、价值取向等都会对孩子产生重要的影响。

2. 创造能力的激发

每个孩子都有巨大的创造潜力，要激发孩子的这种潜力，使其成为一种现实的能力，营造良好的家庭文化氛围是一个必不可少的条件。

发明家爱迪生，幼时家境贫寒，学习成绩也并不突出，甚至是教师眼中的"笨孩子"。但是，他母亲南希并不这么认为。爱迪生求知欲很强，非常喜欢提问，每次，母亲都会耐心地给他讲解。当爱迪生对理化知识表现出浓厚兴趣时，母亲为他买了一本当时很有名的《派克科学读本》。爱迪生对做实验很感兴趣，母亲便经常和他一起做。

父母是孩子的第一任老师，父母最初对创造力的态度对激发孩子的创造力有着重要的作用。并且，父母对孩子童年的影响会伴随孩子一生。所以，为了激发孩子创造潜力，家长要尽可能为孩子营造一种自由、开放、愉悦、轻松的家庭文化氛围，以刺激孩子的求知欲。

3. 良好性格的塑造

孩子的性格特征、意志品质并非与生俱来的，它是后天教育和环境影响的结果。家长的举手投足，嬉笑怒骂，无时无刻不在影响孩子。

比如，某地有一山村，村中的房屋相互连通，生活在这里的长幼，个个敦厚、善良，相传至少已有五代人世居于此，从无争吵，相安无事。在这样的文化氛围中，塑造了一代又一代人质朴、善良的性格。

再如，中国古代"发明家"鲁班，曾让儿子磨三把新斧，直到刃磨艺成，以训练孩子的意志。

与之相反，如今的很多家长性格暴躁，动不动就打骂孩子，使孩子要么变得胆小怕事，要么变得粗野固执。家长还指责孩子的性格不良，殊不知，这是不良家庭文化在孩子身上投下的阴影。

4. 审美情趣的培养

如今，随着物质生活水平的提升，人们越来越注重精神世界的丰富。家庭教育中重要一部分，就是要从小培养孩子的审美情趣。如，要让孩子看什么样的书、电影，过什么样的节日，保持怎样的言谈举止，等等。这么做的目的，就是为了在生活与学习中潜移默化地提升其审美情趣。

毋庸置疑，家庭文化对孩子成长非常重要。所以，家长要营造优秀的家庭文化氛围，不但要注重时间与精力的投入，也要注重心理与精神产品的投入。

（三）家庭文化活动

家庭活动是家庭成员一起参加的有趣活动，主要指父母与孩子共同参与的一些活动，常见的有：与孩子一起阅读、吃饭、做运动、做游戏、看电影、旅行等。文化氛围相对较浓的有：做手工艺品，演小品，知识竞赛、学习舞蹈、演讲等。

家庭活动是最好的家庭教育载体。好的家庭活动应该充满人性和人文关怀，同时也要符合教育的科学性，有助于促进孩子健康成长。

积极地开展家庭文化活动，对孩子的健康成长有重要影响。这种影响主要体现在以下三个方面：

1. 提高孩子对家庭生活的满意度

家庭活动既能够直接提高孩子对家庭生活的满意度，又可以显著地促进家庭成员之间的关系，提高家庭功能。

2. 增强孩子积极的情绪体验

家本身就是一个沟通和社交的特殊场所，最初的社交就是从家开始的。通过一些有意义的家庭活动，能提升孩子的幸福感、安全感和归属感，使其建立积极的自我评价，增强积极的情绪体验，这有助于培养孩子良好的社交技能。

3. 丰富孩子的人生体验

优秀的家庭文化活动，可以满足孩子多方面的成长需求，让孩子拥有更多的人生体验。家庭活动能成为孩子人生中独一无二、刻骨铭心的经历，这种家庭经历能极大地丰富孩子的人生，满足孩子多样的心理需求。

比如，有一个男孩厌学，父亲为了改变他的这种不良情绪，花4个月时间与他一起骑行8000公里。完成这段特殊的人生旅程后，男孩发生了很大的变化，他的视野开阔了，意志更坚强了，而且不再厌学，与父亲的关系更好了。

总之，在家庭文化活动中体现健康向上的生活方式、文明先进的家风家教，不仅可以丰富孩子的人生阅历，而且也能潜移默化地改变他们的内心世界。

第四章

家庭教育的沟通技术

第一节　参与性技术

一、开放式与封闭式询问

在心理咨询中，开放式询问与封闭式询问是两种重要的参与性技术，家长应正确理解、掌握，并灵活运用该技术。

1. 开放式询问技术

开放式询问，即提出的问题没有预设的答案，也不能简单地用一两个字或者用一句话来回答，从而尽可能多地收集求助者的相关信息。通常以"什么""如何""为什么"等开始，比如："你受教育的情况是怎样的""你是怎么看待这件事情的"。

一般在收集资料或是转换话题时会运用这种提问方式。这样有助于了解对方的实际情况、内心想法、情绪等。

使用开放式提问的前提是，沟通双方需建立良好的咨询关系。如果双方未能建立这种关系，那在咨询过程中，求助者很容易产生一种被质问、被窥探、被剖析的心理，进而产生逆反情绪。在家庭教育中，借鉴该技术时也要注意这一点，要和孩子建立良好的互动、互信关系，在谈话过程中，要注意提问方式，充分照顾孩子的情绪，避免其产生逆反心理。

2. 封闭式询问技术

封闭式询问，是指咨询师提出的问题带有预设的答案，求助者的回答不需要展开，从而使咨询师可以明确某些问题。在进行封闭式询问时，常以助动词和情态动词开始，对方以"是""不是""对""不对"，或者一个短句作为回答即可。比如，"你工作了多少年""你的年收入是多少"，答案只能是一个具体的数字。再如，"你还没有结婚吧"，答案只能是"是"或"不是"。

通常，封闭式提问技术不能频繁使用，因为求助者只能被动作答，如果使用过多，就弱化了求助者的自我探索和自我剖析，易让其产生压抑感和被质问感，从而阻碍咨询的顺利进行。咨询中，最好将封闭性提问与开放性提问结合起来。

在家庭教育中，家长不易过多地使用该技术，在关键问题上"点到为止"即可，否则，一连串的提问，易引起孩子的厌烦。比如，孩子的数学考试成绩不理想，家长可以试探着问"是不是最近休息不太好"，或是"是不是方法不对路"，孩子可视情况作答，从其回答的态度、语气等，可以大致判断是不是在这些方面出了问题。然后再循序渐进地引导。反之，如果一上来就问一大堆问题，"是不是最近又没好好学习""是不是每天都打游戏"……不但无益于找到问题的答案，反而会让孩子更加回避问题。

二、鼓励和重复技术

1. 鼓励技术

鼓励技术指通过语言等对求助者进行鼓励，或者直接重复求助者的话，尤其是求助者回答中的最后一句，鼓励其进行自我探索和改变。

鼓励技术具体可以表现为：直接地重复对方的话，或者仅以某些词语如"好""以后呢""接下来呢""讲下去"等来强化对方叙述的内容，并鼓励其进一步表达、探索。在与孩子沟通中，适当运用鼓励技术，有助于孩子表达真实的心境。

2. 重复技术

重复技术指直接重复对方刚刚陈述的某句话，以引起对方对该句话的重视或注意。在心理咨询中，求助者由于心理困扰，其表达的大部分信息均源于自身的认知模式，所以这些内容可能是模糊的、偏激的，对此，咨询师可以应用重复技术进行澄清。

在家庭教育中，家长运用重复技术，可以引起孩子对自己某句话的重视，以加深其理解或印象。通常，使用该技术有一个前提条件，即孩子的表达出现了问题，如有些地方表述不清楚，或是有些逻辑不合常理等。在家庭教育中，应避免过多使用该技术，否则易引起孩子的反感。

三、内容反应技术

该技术也叫释义技术或说明，是指咨询师将求助者陈述的主要内容经过概括、综合与整理，用自己的话反馈给对方，以达到加强理解、促进沟通的目的。

当求助者陈述的内容较多，且比较混乱时，咨询师必须明确：自己所理解的是否为对方真正要表达的。这时，宜运用内容反应技术。即咨询师将自己所了解的关键点反馈给求助者，看对方是否有异议，明确双方是否在谈论同一个问题。有一点要注意：使用内容反应技术时，咨询师不要掺杂个人的主观看法。

家长在使用该技术时，最好是引用孩子说过的最有代表性、最敏感、最重要的词语，进行全面、客观的陈述，而不是简单重复孩子说过的话。

四、情感反应技术

情感反应技术是指咨询师把求助者所陈述的有关情绪、情感的主要内容经过概括、综合与整理，用自己的话反馈给求助者，以加深对其所表达的内容的理解，促进双方的沟通。

情感反应与内容反应较为相似，但略有不同。内容反应是对求助者语言内容的反馈，即重复认知信息；而情感反应是对其情绪情感内容进行再编后，反馈给求助者，即重复情感信息。

一般来说，情感反应与内容反应是同时进行的。情感反应可以使求助者觉察自己的情感。在求助者语言和非语言行为的指导下，咨询师进入求助者的情感世界。随后，咨询师再用自己的语言，将其体会表述出来。

五、具体化技术

具体化技术是指咨询师协助求助者清楚、准确地表述他们的观点，及其提到的概念、所体验到的情感、所经历的事情。现实中，较常见的一种情形是：一方在简述一件事情时，另一方会问："具体情况如何？"

通常，有些人受限于自身原因，无法对自身的问题做出清晰准确地描述，这时候就要使用具体化技术。比如，有人习惯说"我非常难过""我很郁闷"。具体发生了什么情况，别人不得而知。这时，可以运用具体化技术，来了解具体原因是什么。

还有一种情况，就是咨询者过分概括或是夸大一些问题，例如，某位家长说："这孩子的脑子实在太笨了，我有什么办法？"那咨询师就要询问，具体是哪些事情让他产生了这种看法，以缩小问题的范围。

需要注意的是，具体化并不是要照顾求助者表达的每个事实和感受，而是要将一些重要问题具体化。

第二节　影响性技术

一、面质

面质是一种常用的影响性技术，在家庭教育中，家长理解并掌握该技术，可有效地提升与孩子的沟通能力与效果。

面质技术又称质疑、对质，或是对抗等，是指咨询师指出求助者身上存在的矛盾，促进求助者自我探索，最终实现求助者言语和行为的统一、理想自我和现实自我的统一、前后言语的统一。

面质技术具有一定的威胁性，如果使用不当，很容易伤及求助者的感情，并影响咨询关系，所以在使用该技术时应注意以下几点：

一是以事实为根据。通常在为了了解事实的真相，或者发现有矛盾或者不合理的问题存在时应用。故在事实不清晰、矛盾明显时，最好不要使用该技术。

二是避免个人发泄。面质的目的是促进求助者自我统一，帮助其成长，故应以求助者的利益为重，不可将面质变成咨询师发泄情绪乃至攻击对方的理由。

三是可以用尝试性面质。在良好的咨访关系没有建立之前，应尽量避免面质。如果一定要用，可使用尝试性面质，如："我不知道我是否误会了你的意思，你上次似乎说……"在此运用了"似乎"这一不确定的用词，而开始时咨询师又先说明自己可能误会了对方的意思，最后又用问题结束，这样的面质就是为了给求助者留有余地。

在教育教学中，可以使用面质技术对学生进行管理与教育。例如，当老师发现学生在言语和非言语行为上的矛盾时，通常会直接指出并纠正学生的"错误"，但易引起学生的逆反心理，不利于进一步交流。这时可以运用面质技术，启发学生、激励学生，使其学会辩证地看待出现的问题。

二、解释

解释技术是指运用心理学理论来描述求助者的思想、情感和行为的原因、实质等，或对某些抽象复杂的心理现象、过程等进行解释。

解释是最复杂的影响性技术之一。咨询师要注意解释的合理性、剂量性、暗示性、灵活性、探索性，不能把解释强加给求助者。即针对求助者的不同问题，咨询师要在个人理解、领悟的基础上，通过不断的修正，最终给出真正符合求助者情况的合理解释。

通常，在运用解释技术时，需注意以下几点：

首先，要充分收集资料。解释应在充分收集求助者的相关背景资料之后进行，并且要确定求助者有意愿倾听和接受咨询师对自己的问题进行解释。

其次，建立良好的咨访关系。良好的咨访关系，有助于提高求助者对解释内容的接受与认可程度。反之，则可能会导致求助者的阻抗。

再次，注意解释与内容反应的差别。这些差别主要体现在：解释是从咨询师自己的参考体系出发，内容反应从求助者的参考体系出发；解释针对的主要是求助者隐含的那部分信息，内容反应只针对求助者已经表达出来的内容。

三、指导

指导是指咨询师直接指示求助者做某件事、说某些话，或者以某种方式行动。从整体上看，指导可概括为三种：一是精神分析学派指导求助者进行自由联想以寻求问题的根源；二是行为主义学派常指导求助者做各种训练，如放松训练、系统脱敏训练等；三是人本主义中的完形学派习惯于做角色扮演指导；四是理性情绪学派针对求助者的各种不合理信念予以指导，用合理信念替代不合理信念。

在使用指导技术时，咨询师的叙述应清楚、准确，让求助者真正明白指导的内容是什么，指导过后会有什么样的效果和影响。当然，指导要建立在良好的咨访关系基础上，且咨询师不能以权威的身份出现，硬性要求求助者执行其指导内容。

当然，有些咨询师并不赞同用指导技术，他们认为，指导是操控和支配求助者，应多用参与性技术，如鼓励、内容反应、情感反应等。

四、情感表达

情感表达技术，即根据求助者的问题，咨询师将自己的情绪、情感及求助者的情绪、情感等告知求助者，以影响求助者。

情感表达是为求助者服务的，表达内容和方式应便于咨询的进行，而不能为了反应而反应，更不能借此发泄个人的不满。比如，"看到你这次的测试成绩，我真心为你感到高兴，在接下来的期末考试中，你不应该有太多顾虑""在这道题上丢分，我也为你感到很惋惜"。如此，家长通过表达对孩子的理解，从而使双方达到共情。

当然，情感表达和情感反应并不完全相同，情感表达是咨询师表达自己的情感或喜怒哀乐，而情感反应则是咨询师将求助者的情绪、情感进行整理、反馈。情感表达比情感反应更公开、更积极、更直接。

五、内容表达

内容表达技术是指咨询师传递信息、提出建议、提供忠告、给予保证、进行解释和反馈等，以影响求助者，促使求助者实现咨询目标。

比如，咨询师为求助者解释什么是心理咨询、咨询中的保密原则是什么等，都属于内容表达。内容表达技术不同于内容反应技术，内容表达是咨询师表达自己的观点，而内容反应是咨询师反映求助者的陈述。内容反应中虽然也带有咨询师所施加的影响，但相较于内容表达，这种影响显得更为隐秘和间接。另外，内容表达技术与解释技术也有明显的差别，解释侧重于对某一问题做理论分析，而内容表达则是咨询师提供信息、建议和反馈。

六、自我开放

自我开放又称自我暴露、自我表露，是指咨询师将自己的情感、思想、经验与求助者分享，或开放对求助者的态度、评价等，或开放与自己有关的经历、体验、情感等。

通常，自我开放有两种表现形式：

一是咨询师把自己对求助者的体验感受告诉求助者。比如，"你的气色看上去不太好，是遇到什么麻烦了吗？你方便告诉我吗"。

二是咨询师暴露与求助者所谈内容相关的个人经验。其目的不在于谈论自己，而是表达理解。比如："你的面色不太好，如果我是你的话，就先不急着上班，好好休息两天。"

自我开放是情感表达和内容表达两者的一种特殊组合。值得注意的是，咨询师自我开放不是目的而是手段，应始终把重点放在求助者身上。

七、影响性概述

影响性概述技术是指咨询师将自己所叙述的主题、意见等经过组织整理后，用简练的语言表达出来，也可以理解为是内容较多的表述。运用影响性概述，可使来访者重温咨询师所说的话，加深印象。同时，也有助于咨询师回顾旧的内容，融入新的内容，强调特殊的内容，或是提出一些重点，为后续的交流奠定基础。

影响性概述既可在咨询过程中使用，也可在咨询结束后使用。比如，在家庭教育中，家长和孩子就如何提升学习效率进行了一段时间的交流之后，家长帮孩子总结其存在的主要问题及原因，以及应采取的改进措施等，最后概括自己的观点。如此一来，整个交流过程思路清晰，也有利于孩子进行整体把握。

八、非言语行为

人类交往是一种信息交流。在这一过程中，信息交流的载体不仅是言语符号，还有神态和动作——非言语行为。诸如扬眉、举手、点头、欠身、挤眼……这些不经意的动作或行为，在人际交流中具有重要意义。

非言语行为技术是心理咨询中常用的技术之一。因言语表达是咨询双方交流信息、沟通感情、建立关系的基本方法，因而言语行为在咨询中占有主要地位。但是，在具体的咨询过程中，不可避免地会出现大量的非言语行为，其往往伴随言语行为一同出现，并对言语内容做补充、修正。有时也会独立出现，代表独立的意义。

也就是说，非言语行为能提供许多言语不能直接提供的信息，甚至是求助者想要回避、隐藏、作假的内容。借助于求助者的非言语行为，咨询师可以更全面地了解求助者的心理活动，也可以更好地表达自己对求助者的支持和理解。

在家庭教育中，家长平时应善于观察。一方面观察孩子的举止，另一方面也要注意自己的行为举止。比如，每次与孩子交流过后，家长应反思自己的非言语行为，若有不当之处，及时进行有针对性的调整，只有这样，才能真正发挥它的作用。

第三节　处理沟通障碍——阻抗

一、阻抗的定义和表现形式

阻抗是孩子保护自己和应对压力的一种方式。但因为他们比较敏感，缺少保护自己的方式，故阻抗带给他们的痛楚可能比成人还要大。所以，家长要学会正确认识并理性处理孩子的阻抗。

阻抗概念最早由美国心理学家弗洛伊德提出，他将阻抗定义为求助者在自由联想过程中对于那些使人产生焦虑的记忆与认识的压抑。如今，"阻抗"多被运用于心理咨询中，即在心理咨询与心理治疗的过程中，来自求助者或治疗者的有意或无意的抵抗，从而干扰治疗进程的现象。它表现为人们对于某种焦虑情绪的回避，或对某种痛苦经历的否认。所以，阻抗的意义在于增强个体的自我防御。

阻抗在生活中处处都有体现，主要表现为以下几种形式：

1. 讲话程度上的阻抗

该种表现形式主要包括沉默、寡语少语和赘言几类。其中，以沉默最为常见。沉默表现为个体拒绝回答咨询师提出的问题，或回答前有长时间的停顿。它是个体对于心理咨询最为积极的抵抗。这里需要注意的是，应将阻抗性沉默与反省性的沉默区别开来。寡言少语时常以短语或口头禅，如"嗯""哦""啊"等形式来表现。赘言表现为滔滔不绝地说话，潜在动机可能是为了不让咨询师讲话，以回避一些核心问题，转移其注意力等。

2. 讲话内容上的阻抗

这种阻抗形式主要有理论交谈、情绪发泄、谈论小事和假提问题等。理论交谈是求助者自我保护的一种方式。比如，他会滔滔不绝地谈论心理治疗方法。情绪发泄常表现为大声哭闹、不停地擦拭眼泪，或是情不自禁地大笑。谈论小事是一种不易被注意的阻抗表现。假提问题常涉及心理咨询的目的、方法、理论基础及咨询师的个人情况等。

3. 讲话方式上的阻抗

讲话方式上阻抗主要有心理外归因、健忘、顺从、控制话题和最终暴露等。心理外归因会阻止个体的自我反省，是一种自我中心主义的表现。健忘有较强的任意性，即不情愿提及过往的事情，或即使提及一些往事，也只是笼统地描述，不愿意谈论细节。顺从具有隐蔽特点，常使人不易发觉对方潜在的阻抗意图。控制话题除回避不想探讨的内容外，还能强化求助者的自尊与地位。最终暴露与犹豫性的最终暴露有一定区别，不能将最终暴露都视为阻抗的表现。

4. 咨询关系上的阻抗

咨询关系上的阻抗最突出的表现有三种：不认真服从心理咨询师的安排、诱惑咨询师，以及请客送礼等。不认真服从心理咨询师的安排，包括不按时赴约或故意迟到早退、不认真完成咨询师安排的作业等。迟到是反映阻抗较为可靠的指标。取消预约或在没有事先通知咨询师的情况下爽约，被视为是非常严重的阻抗。不赴约的动机主要包括恐惧和怨恨。诱惑咨询师是为了控制咨询关系的发展进程。请客送礼也表示求助者的某种自我防御需要及其控制咨询关系的欲望。

上述几类表现形式，都是个体的自我保护及其对痛苦经历的精神防御。正确认识阻抗的这些表现形式，是心理咨询突破的开端。

二、认识阻抗出现的原因

在孩子十几岁时，他们逐渐有了独立和自由意识，从仰视父母变成了平视父母，打心里认为父母说的话不一定是对的，他们觉得自己有了判断力。当父母再用管教的方式让他们做什么或不准做什么时，他们就很容易跟父母唱反调，甚至会认为"我凭什么听你的，你越是这样要求我，我越是不听"。

小淘放学后回到家，妈妈对他说："你今天做完作业后再出去玩。"他本来也是这么想的，但是，妈妈这么一说，而且态度很坚决，他反倒不听话了，一定要先出去玩，然后再写作业。妈妈语气越强硬，他越是不从。其实，如果妈妈一开始就说："先出去玩一会儿，但要记得回来写作业哦。"小淘可能会变得很听话。

面对孩子的阻抗，很多家长束手无策，非常焦虑。其实，完全可以换一种方式思考，静下心来，更多地给孩子以理解。要更好地理解孩子，必须正确认识阻抗出现的原因。

美国心理咨询专家卡瓦纳认为，阻抗主要来自三个方面：

1. 成长必然会带来某些痛苦

当求助者在咨询中谈及痛苦的往事时，必然会产生阻抗反应。对孩子而言，其成长过程必然也会伴随着一些痛苦。如果有人与他们聊起一些不愉快的经历时，他们会产生阻抗，不想让对方知道。再如，他们经常会面对一些痛苦的抉择，但是又不希望别人看到这种痛苦，或是装假别人看不到。所以，在触及一些敏感话题时，他们会选择回避，或是换个话题。

2. 功能性的行为失调

功能性的行为失调是指求助者企图以失调的行为来掩盖更深一层的心理矛盾和冲突。比如，厌食症的孩子会非常恐惧发胖。这种病理性恐惧，正常人很难理解。而不吃饭恰恰就能立竿见影地缓解这种恐惧。于是就算大家都知道长期不吃饭会被饿死，但那至少不是孩子当下的痛苦。再如，有的人会以患病为代价换来别人的关心。因为对他们来说，疾病会带来某些特别急需、隐藏的好处。如果放弃疾病，那就意味着放弃某些好处。

3. 来自对他人的某种期许

即求助者只是想得到咨询师的某种赞许或想证实自己的某种想法合理。比如，咨询只是为了寻求肯定或发泄不满，或是想证实自己在某方面非常优秀等。也就是说，求助者因阻抗可以在咨询师这里"获益"。

以上是三种常见的产生阻抗的原因。在家庭教育中，家长需要敏锐观察，并正确判断孩子的阻抗原因，以及时采取相应的方法。

三、阻抗的应对方法

作为家长，当希望孩子按照自己的要求行动时，首先要意识到阻抗的存在，因此不能强迫、控制孩子，而要采用迂回战术等一些更灵活的办法。具体来说，在应对孩子的阻抗时，需把握好以下几个要点。

1. 解除戒备心理

不必把阻抗问题看得太过严重，孩子出现阻抗时，家长不能认为孩子是有意识地"对抗"自己。在交流过程中，对孩子要做到共情、关注与理解，尽可能创造良好的交流氛围，以解除孩子的顾虑，使其能够开诚布公地谈论自己的问题。

2. 尊重孩子的自尊心

家长说话要注意分寸，尊重孩子的自尊心。通常，孩子的自尊心比较脆弱，因为他们的感情世界很单纯，没有经历过挫折。他们遇到的最大挫折，可能就是来自父母的贬损。所以，家长有意或是无意伤害到孩子的自尊心，就易激起孩子的逆反情绪，增加其阻抗。尤其要注意的是，家长绝不要当着他人的面训斥孩子，尤其不能吼骂，否则孩子更易产生敌对情绪。

3. 试着理解孩子的想法

每个孩子都有自己的思想，他想做什么，不想做什么，一定有他自己的道理。只要把他们的想法弄清楚了，就知道其究竟为什么担心、害怕。这就要求家长平时多了解孩子，多与孩子沟通，和他们做朋友，并不断尝试了解孩子一些新的想法。这也可以用来解释：为什么有的孩子宁愿听朋友的话，也不愿听父母的话。因为他们认为"父母不了解自己，即便自己说出来，他们也不理解"。

4. 适当放飞孩子

允许他们像风筝一样飞翔，但绳子要握在家长手中。每个人都喜欢自由，无拘无束，尤其是从小就被家长严管的孩子更渴望自由，渴望早日脱离父母的管教。在父母严厉的管教下，孩子非常容易产生阻抗。怎么办？方法很简单：多给孩子一些自由，让他们内心感觉舒适，而不是时时处处都要面对来自父母的压力。这样，他们才更愿意与父母心平气和地交流，开诚布公地谈论自己的问题。

　　总之，应对阻抗不是一件轻而易举的工作，家长一定要因势利导，而不要控制，因为哪里有控制，哪里就会有反抗。

第五章

儿童情绪管理的指导与干预

第一节　情绪的认知

一、观察儿童的情感变化

要对儿童情绪管理进行有效的指导与干预，首先要对孩子的情感变化有正确的认知。通常，孩子的情感会随着所遇到、看到、听到、想到的事情而发生变化。作为家长，该如何观察并捕捉这些变化呢？

1. 观察情绪波动幅度

平时，孩子的情绪反应会有一个幅度，或是有渐进过程，不会莫名其妙地突然大哭，或是大笑。如果孩子的情绪变化特别夸张，且与自己所感受到、看到的东西无关，如持续情绪低落，或是突然变得暴躁，因为一点小事大发脾气，或者没有缘由地大笑等，这时，家长要考虑孩子的心理是不是有问题。

2. 观察孩子的言语

言语可以反映情感，家长可以通过观察孩子的言语变化，来识别其情感变化。通常，孩子说话时音调的高低和节奏变化反映了其心理变化，在激动或是狡辩的时候，孩子的声音通常会变高。如果孩子比较自信，说话时节奏会比较紧凑，滔滔不绝；反之，会逻辑混乱，支支吾吾。

除此之外，孩子说话的神态、动作等也都反映了其内心世界，家长可以据此来了解孩子的情感变化。

3. 观察孩子的行为

通过观察孩子的行为，也可以准确把握其内心的情感变化。比如，当孩子让家长恼怒、着急、内疚或者烦恼时，如果家长要求孩子停下来，孩子会停下来一会儿，但通常不久后就重新开始，那么这时孩子有可能是在寻求过度的关注。再如，孩子放学回家后，表现得很消极，不希望家长打扰他，那可能是有什么难言之隐。如果孩子在学校不服老师管教，经常在班上出洋相、闹笑话，这很可能是一种自暴自弃的表现。

很多家长与孩子之间的关系不和谐，往往是因家长没有像上面那样注意到孩子的感情状态，进而不能及时地鼓励孩子去表达自己的欲望、观念和看法，导致其不能很好地驾驭自己的情绪。

二、识别儿童的情绪

情绪可分为正向情绪与负向情绪。正向情绪包括高兴、开心、兴奋等；负向情绪包括生气、愤怒、害怕、伤心等。对儿童情绪进行有效管理的第一步，是先学会识别儿童的情绪。

举个例子：一位家长带着 7 岁的孩子去看牙医，医生发现孩子的一颗牙齿被蛀得很厉害，决定进行龋齿治疗。治疗牙齿的机器开启的那一刻，孩子被吓得跳了起来，并径直跑到外面，家长把他拉回来，他还是又哭又闹，怎么也不配合医生的治疗。

面对这样的情境，如果你是孩子的家长，你会怎么做？

做法可能有这么几种：选择用一些奖励来"诱惑"孩子，说服孩子接受治疗；担心错过治疗时间，严厉地训斥孩子，逼迫孩子接受治疗；因为心疼孩子，向孩子妥协。

这几种做法看似都在某种程度上"解决"了问题，但从长远来看，都存在一些潜在的危害。心理学研究发现，采用逼迫方式强行压抑孩子情绪会导致其记忆力减弱；放纵孩子的情绪随意发泄，又会导致其情绪失控，从而伤害到自己或他人。

孩子不愿意接受治疗，这是一种本能反应，因为他们还不会识别自己的情绪，更不用说管理自己的情绪了。但是，作为家长一定要懂得识别儿童的情绪，并且要教会孩子识别自己的情绪。这种干预与指导有助于孩子从小学会情绪管理。

那么，家长到底如何教孩子做好情绪识别呢？有这么几个简单的方法。

1. 制作情绪脸谱

人类具有四种基本情绪：快乐、愤怒、恐惧和悲哀。家长从这四种基本情绪入手，带着孩子画这四种情绪的脸谱。例如，快乐的脸谱是嘴角朝外向上扩展、眼睛弯弯、眼角向下；愤怒的脸谱是皱眉、睁大眼睛；恐惧的脸谱是眼睛变圆、头发竖立；悲哀的脸谱是哭泣。

在孩子认识了这几种基本情绪后，家长要告诉他们这些情绪在什么情况下会出现。例如，家长可以说："快乐是愿望实现后的幸福或满意的感觉，当你吃到最喜欢的冰淇淋时，你会感到很快乐。愤怒是一种紧张、不愉快的情绪体验，比如，当你心爱的玩具被人抢走的时候，你会很愤怒。恐惧是企图摆脱、逃避某种危险情境，比如，当你看到一只大狗向你冲过来的时候，你会感到害怕。悲哀是当理想没有实现、愿望破灭或者失去了心爱的对象时，产生的一种心理体验。"

当孩子能够识别情绪到底是什么，情绪有哪些，知道情绪是由什么引起的之后，那么在情绪来临时，他便能有效地进行预测和识别，从而克制行为上的冲动。

2. 画情绪树

画情绪树也是一种有效的识别情绪的方法。具体做法是：家长和孩子共同收集一些常用的情绪词，如激动、兴奋、平静、惊讶、失望、痛苦、恐惧、害羞、生气、愤怒等，将这些情绪做成小图标，然后带着孩子画一棵树，和孩子一起选几个代表自己心情的小图标贴在树上。过一段时间，先摘下树上的小图标，再重新选几个代表自己当天心情的小图标贴上。

通过这个方法，不但可以加深孩子对情绪的认识，而且可以让孩子视觉化感知——每个人都有情绪，情绪可以来，也可以走，它不会一直跟随着我们。

3. 写情绪日记

对于稍大一点的孩子，家长可以给他准备一个日记本，用来记录情绪。比如，每天早上起床后，让孩子选一个词来描述当时的心情；晚上睡觉前，再让孩子选一个词，描述晚上的心情，并把当天发生的让自己兴奋或难过的事情记录下来。写情绪日记的过程，也是一个整理情绪的过程，可以提升孩子的情绪辨识力。

当然，家长也可以做相同的日记，并拿来与孩子分享，以此走进孩子的情绪世界，更好地发现孩子的情绪问题，并引导孩子准确地识别自己的情绪。

4. 做情绪反刍

情绪反刍，简单来说，就是在经历了一些事情后，会陷入反复的思考，大脑不断反复咀嚼负面情绪。一些心理学家认为，反刍是一种不健康的行为模式，因为对负性事件的过度思考和反刍，会加深痛苦并延长痛苦的时间。

既然做情绪反刍会影响身心健康，那为什么还要进行情绪反刍呢？

对孩子来说，情绪反刍会让其变得心平气和、情绪稳定。以前面提到的那个不配合牙医的孩子为例，咱们来假设一种情形：

家长不强迫他接受治疗，或者任由他发泄情绪，而是在他平静后，对他说："今天你看牙医的时候，又哭又闹，还往外跑，你还记得这件事吗？"

孩子会默认记得。

家长说："爸爸现在提起这件事，不是想要批评你，我猜你当时肯定是感觉到不舒服才这样的。只是我想知道，你当时哪里不舒服？"

孩子也许会说："我看到好多像针头一样的东西，真是太恐怖了。"

家长说："那你当时是生气、悲伤、害怕，还是怎样呢？"

孩子会说，他当时非常害怕。

接下来，家长再做进一步的引导，直到孩子认为那并不是一件可怕的事。

最后告诉孩子，以后出现类似的情况时，要学会这样一步一步地思考，最终包容与接纳一些不舒服的感觉。

综上所述，在运用情绪脸谱、情绪树、情绪日记、情绪反刍等来训练孩子情绪识别能力的过程中，要给孩子一定的自由度，不要逼迫孩子，以免孩子产生厌烦情绪。

第二节　情绪的表达

在生活中，孩子的情绪经常是阴晴不定的。有时，他们会积极表达自己的情绪，不论是快乐，还是悲伤，都会主动说出来；有时，他们会"掩饰"自己的情绪，不论家长怎么问，就是闭口不答，这让家长很困惑。对于后者，其实不是孩子不想表达，或是不善表达，而是家长没有理解他们表达的方式。要知道，孩子情绪的表达也是有规律可循的，一般它会经历以下几个阶段。

1. 感知运动阶段

感知运动阶段一般为 2 岁之前。在这一阶段，孩子能够通过自己的感官感知身边的世界，所以称之为感知运动阶段。这时，在孩子的情感世界中，似乎只有快乐和生气两种情感。他们会因为饥饿而哭闹，也会因为看到喜欢的玩具而手舞足蹈。这里的"哭闹""手舞足蹈"就是他们最形象的情感表达。

2. 自我中心阶段

自我中心阶段是 2~3 岁。在这个阶段，孩子内心的体验会越来越丰富，但是最大的特征在于他们认为自己是世界的中心，认为别人的想法和自己的想法都一样。这个阶段的孩子会毫不犹豫地表达自己的情绪，因为他们认为别人都能理解自己。

3. 运算阶段

在 3 岁之后，孩子会逐渐明白，原来自己和别人的情绪是不同的。在这个阶段，他们经常会问爸爸妈妈："他为什么要哭？""这个人为什么会笑？"他们不知这些人为何会表现出如此情绪，迫切地想知道到底发生了什么事。所以，这一阶段的孩子开始逐渐变得富有"同理心"，开始隐藏一些负面情绪，因为他们担心自己的情绪会伤害身边的人。

4. 青春期

在孩子 9 岁左右，便开始进入青春期。这时，他们不但表现得很叛逆，并且情绪波动很大，且不愿意和爸爸妈妈分享自己的情绪。

可见，在不同阶段，孩子的情绪表达方式是不同的。所以家长从小就教会孩子正确地表达自己情绪是非常重要的。

第三节　情绪的调节

一、儿童恐惧情绪的调节

在日常生活中，面对一些新事物、新情况，如陌生的环境、黑夜、狂叫的小狗等，孩子容易产生恐惧、害怕心理。对此，家长可以通过增加孩子的安全感、使用语言鼓励等方法来缓解或消除孩子的这种心理。

1. 给孩子安全感

家长要善于倾听孩子，理解孩子的情绪，接受他的发泄，平静且耐心地与孩子进行沟通，帮助孩子分析让他恐惧的事物，并通过抚摸、拥抱、陪伴，或者以身作则、树立榜样的方式增强孩子的安全感和勇气。

2. 语言鼓励

通过讲述一些英雄人物的故事来增强孩子面对未知环境的勇气。鼓励的语言要有代入感，这样更容易提升孩子的信心。另外，在孩子取得些许进步后，要及时进行表扬。

3. 转移注意力

当孩子产生害怕、恐惧心理时，可以帮助孩子转移注意力，比如，可以选择读一些故事书，或是陪孩子玩一些游戏等，以避免孩子因恐惧出现紧张、焦虑、暴躁等负面情绪。

4. 心理脱敏治疗

虽然有些事物并不会对自己造成伤害，但是儿童却非常惧怕，这时，家长可以诱导他一步步尝试接近其害怕的事物，以逐渐消除其对特定对象的恐惧。这即是心理脱敏治疗的原理。心理学家琼斯曾用系统脱敏法治疗过一个怕兔子的小孩：每当小孩吃饭时，将关着小白兔的笼子拿到房间，一开始放到离饭桌较远的地方，之后每天都不断靠近桌子，最后可以把小白兔放出来在屋内跑。到治疗结束时，小孩一点也不怕兔子了。

5. 树立良好的榜样

父母是孩子主要的模仿对象，其言行举止会给儿童造成潜移默化的影响。所以，父母要以身作则，用实际言行告诉孩子什么应该怕，什么不应该怕。不要用恐吓的话语刺激孩子，如用鬼神、毒蛇、老虎来吓孩子。

在生活中，当孩子对某些事物感到恐惧时，父母要及时进行干预，以帮助孩子尽早克服恐惧心理，避免产生心理阴影。

二、儿童焦虑情绪的调节

孩子由于受认知、表达和社会经验的限制，调节心理情绪并不那么容易。当他们面对一些突发事件，或是进入陌生环境、接触陌生人时，易产生焦虑情绪。所以家长应该通过正确的方法来帮助孩子摆脱焦虑。

1. 父母控制好自身焦虑的情绪

父母在孩子面前要保持乐观平和、沉着的心态。要知道，父母的一点点惊惶和不安，在幼小的孩子眼中都是一个程度严重的信号。所以，父母首先要学会冷静、遇事沉着，积极寻找解决问题的对策。

2. 鼓励孩子表达自己的感觉

在化解焦虑的众多方法中，有一种方式简单有效，即直接讲出让自己害怕的东西，及自己的真实感受。在孩子表现出焦虑时，不要第一时间去安慰孩子，可以先鼓励孩子讲出内心真实的想法。这样的过程在心理学上称为

"情绪净化"。

3. 教孩子学会放松

放松是一种有效的舒缓神经紧张的方法。放松的方式有很多，如家长可以带孩子进行半个小时散步，和孩子一起做深呼吸等。另外，要让孩子作息规律，养成白天好好学习，晚上按时睡觉，保持充足睡眠时间的习惯，这有利于精神放松。

4. 有策略地转移注意力

有时，孩子之所以会产生焦虑情绪，是因为其注意力集中在某一件让他感到不安的事情上。对此，家长要有策略地帮助孩子转移注意力，让孩子的"情绪大脑"不要聚焦在触发焦虑的事情上。之所以称"有策略地"，不是说出去转一圈，或是暂时休息一会儿，而是要让脑子转起来，去思考别的事情，以达到完全分散注意力的目的。比如，玩一会儿数独游戏，或是听一段自己喜欢的有声读物。

焦虑有轻有重，虽然它们伴随着孩子的成长，但也影响着孩子的生活、学习状态。所以，家长要灵活使用上述方法，给予孩子更多的耐心和引导，帮助孩子排解这种负面情绪。

三、儿童愤怒情绪的调节

愤怒是一种常见的情绪，尤其是年龄较小的孩子，由于他们不善于控制情绪，稍遇一丁点不顺心的事便会发脾气。对于孩子愤怒的情绪，家长不能强行压制，也不能任由孩子发泄，而要及时帮助孩子调节情绪。

1. 了解原因

当发现孩子发脾气时，家长先要问清楚原因。如果孩子表达不清，或是不愿意说，家长需要做一些引导，如："你是不是不舒服"或"是不是和小朋友吵架了"等。

在了解清楚情况后，对孩子给出的合理解释，应表示理解和尊重，可以说："我知道你受了委屈，现在我们来想办法解决吧。"如果孩子讲的都是一些借口，也不要急着反驳，而是心平气和地交流，如，"妈妈不会责怪你，事情既然发生了，接下来咱们就分析下，为什么会发生这样的事。"

2. 表示理解

当一个孩子发脾气，大喊大叫时，如果父母只是直接说"不要叫了"，往往是没有用的。这时，父母要表达对孩子心境的理解，如，可以说"我看到了，你真的很生气，很痛苦"，这样，有助于帮助孩子将情绪垃圾倒出来。通常，只要孩子能够把自己的心事讲出来，就不会使坏情绪积累到失控的地步。

3. 合理表达

家长要引导孩子合理地表达自己的想法。如，允许他大声说出想说的话，或直截了当地表达自己的愿望。需要注意的是，在表达时，不能有粗鲁或过激的动作。

4. 释放愤怒

孩子的情绪往往瞬息万变，将其注意力适时地转移到其他事情上，可以有效地进行自我调节。当孩子生气时，可引导他做一些事情来释放坏情绪，转移注意力。比如，出去散散步，在喧闹的音乐声中做一些运动，或者去冲个澡，把愤怒"洗掉"，或者出去狠狠踢几下皮球，发泄一下怒气。

在生活中，当发现孩子内心开始积压一些不良情绪时，家长一定要及早疏导，让孩子学会自我调节，避免用伤害自己或他人的方式来发泄愤怒。

四、儿童嫉妒情绪的调节

嫉妒是一种很常见的常情绪反应，可以说，嫉妒之心人人都有，孩子也不例外。但是，对孩子的妒忌情绪，家长不可听之任之、放任不管，否则，会影响到孩子日后人格的塑造，并严重影响其人际关系与社会交往。

在日常生活中，家长对孩子的嫉妒情绪该如何进行疏导与调节呢？

1. 表达对孩子的理解

为了消除孩子的嫉妒心理，有些家长会考虑满足孩子的一些特殊要求。比如，孩子妒忌同学使用 3000 元的手机，而自己只用几百元的。家长为了不让孩子妒忌，便给孩子买了一部三四千元的手机。其实这种做法不妥。正确的方法是，先要对孩子的这种心理表示理解，然后进行正确引导。如可以说："爸爸非常理解你，也希望给你买一部心爱的手机，但是，不是爸爸不想给你买，是现在我们的主要任务是学习……"如果是延迟满足孩子，一定要表达对他"渴望得到一部手机"的理解，不宜强硬地说"不行"。

2. 化"嫉妒"为动力

孩子之间喜欢攀比，当一些孩子看到别人学习比自己好，朋友比自己多时，不免会心生嫉妒，这是一种很正常的情感。但是，当孩子把自己"不优秀"，或是"做得不够好"的原因归结为"父母不优秀"，或是"别人是靠运气"等，这时就要引起家长的注意了。怎么办？做好心理疏导，转变孩子的这种错误认知，帮他正确归因，并告诉他："只要你足够努力、认真，你也一样可以变得优秀，与其嫉妒他人，不如做好自己。"

需要特别注意的是，当孩子妒忌他人时，切不可用刺激性的语言数落孩子，如："人家能做得那么好，你为什么不行""笨死了""没出息"等。

3. 降低环境刺激

当家长无法改变自己的条件，同时孩子也无法将外部压力转化为动力时，父母就需要考虑改变环境，降低环境刺激。也就是说，如果身边的人都爱炫耀，喜欢攀比，那家长可以为孩子换一个环境，减少与此类人群的接触机会。或者给孩子提供一个更为广阔的空间，让他的注意力、思维更多地集中在外在的一些事物上。生存空间越狭隘，越容易产生自闭、嫉妒的心理。

4. 正确评价自己和他人

随着年龄的增长，孩子自己也会意识到与朋友之间的差距，长期的心理落差有可能会转变成妒忌。这时父母要帮孩子学会如何正确地评价自己和他人。比如，帮孩子培养一两个可以持续终身的兴趣爱好，并让他为之努力。这样孩子就能知道，每个人都有自己的优势与短板，妒忌的情绪自然会少许多。

一些家长认为，嫉妒心理会随着孩子年龄的增长而自然消失。其实不然，过分的妒忌会影响孩子正常的心理发育，使他们在与别人的对比中感到自卑，妨碍孩子自信心和自尊心的建立，所以，家长应该及早教会孩子调节这种情绪。

五、儿童悲伤情绪的调节

悲伤是一种很常见，也很复杂的情绪，它夹杂着失落、难过、怨恨甚至是内疚。但小孩子悲伤的原因往往很简单，这是因为他们的认知和表达能力有限，遇到一点小事就很可能会陷入悲伤的情绪中。

作为家长，该如何因势利导，及时帮孩子调节这种不良情绪呢？

1. 分析孩子悲伤的原因

没有莫名其妙的欢喜，同样也没有无缘无故的悲伤。孩子郁郁寡欢时，家长首先要分析孩子感到悲伤的原因。一般，有这样几个原因：遭遇了批评、责罚，如可能由于犯错，受到了老师的批评和责罚；失去了一些心爱的东西，比如养了很久的宠物狗死了；遭遇了失败挫败，如考试成绩不理想，比赛没有取得预期的名次等。只有了解清楚原因，才能对症下药，从根本上解决孩子的情绪问题。

2. 建立积极的沟通

在发现孩子情绪低落时，家长要及时和孩子沟通。这种沟通一定要是积极的、正面的，不能上来就是一顿数落，或是责怪孩子"不懂事"。在和孩子沟通时，家长要保持积极的心态，用关心、体贴、接纳的语气询问孩子的真实想法，让他感受到父母的爱。这样，孩子也愿意倾诉内心的痛楚。

3. 让孩子学会理性排解情绪

家长应让孩子明白，积极的情绪比消极的情绪更能给人带来快乐。在孩子有消极情绪时，要告诉孩子：不要独自闷闷不乐，或者是发脾气，要多与身边的朋友、同学交流；可以写一写日记，记录一下自己的心情，和自己来一次心灵对话；可以听一些自己喜欢的音乐；可以多到大自然中走动。这些都是积极的调节悲伤情绪的方式。

负面情绪对孩子的学习和生活都会有非常大的影响，当家长发现孩子有负面情绪时，一定要积极地对孩子进行引导，让其能够用一个积极健康的正面情绪来面对生活。

六、儿童抑郁情绪的调节

抑郁总是给人一种冷色调的感觉，其给人的直观感受是：无力、无助、无望。因此，对心理承受能力还不是很强的孩子来说，这种情绪会极大地剥夺他们的快乐，甚至会影响其学业及与人交往的能力。所以，家长一定要重视孩子的抑郁情绪，并及时帮助孩子进行自我调节。

1. 认知调节法

无论抑郁情绪产生的原因是什么，其中都有非理性观念在作祟。所谓认知调节，也就是诱导启发孩子进行深刻的反思，排除心中的非理性观念。例如，"我天生就是一个笨孩子，再怎么努力，也不会取得好的成绩"就是非理性观念。只要家长能帮助孩子消除了这一非理性观念，孩子的抑郁情绪就会减少很多。

2. 暗示调节法

暗示调节法不只适合成人，也适合孩子。积极的心理暗示会让人的心境明亮起来。教育孩子的时候，父母要懂得运用暗示调节法。特别是当孩子遇到困难时，要暗示他"不怕困难""态度认真""勤快"，这样，孩子就会往积极的方面想，心情也就不再那么压抑了。

3. 倾诉调节法

家长要引导孩子积极表达自己的真实想法，尤其是当孩子产生忧愁、烦恼、痛苦、悲哀等情绪时，一定要鼓励他讲出来，不要长时间压抑在心头。倾诉之后，心中的抑郁情结自然也就解开了。

4. 日记调节法

在运用该方法时，要特别注意两点：一是在日记中自我倾诉消极情绪时，要对消极观念进行剖析。这是认知调节法的一个具体方式。二是尽量不写自己的内心感受，而是记录外界的现实生活。这样会逐渐看到生活中的阳光，心中也会涌现美好的感觉。

5. 快乐调节法

父母一定要告诉孩子：生活中不是没有快乐，而是需要我们去寻找快乐。培养一种兴趣爱好是一种快乐；看一次喜剧小品是一种快乐；踢一次球是一种快乐；唱一首歌是一种快乐；说一个笑话是一种快乐；参加一次朋友聚会是一种快乐。在孩子心情低落的时候，可以做一些让孩子开心或是提振精神的事情，比如看一场电影，做一次郊游等，让愉快的活动占据孩子的时间，让时间的推移来逐步消化他们心里的积郁。

除此之外，还有交友调节法、目标调节法等。不论运用哪一种方法，家长在关注孩子心理需求的同时，也要多关照他们的日常生活，尽可能为其营造一种亲密无间、和睦、温馨的家庭氛围，帮助孩子尽早从抑郁情绪中走出来。

第四节　情绪的转换

《蜥蜴脑法则》的作者吉姆·柯明斯认为，人类的大脑分为三层：最里面一层是指挥人类基本生理机能的本能脑，也被称为爬行脑；中间一层负责各种情绪的产生，如悲伤、喜悦、恐惧等，被称为情绪脑；最外面一层是我们的理智脑，抽象逻辑思维等都是由理智脑控制的。

当孩子出现负面情绪时，理智脑是无法开展工作的，因此父母对孩子的负面情绪要积极反映，及时疏导，帮助孩子识别情绪并引导孩子进行情绪转换。

那如何帮助孩子快速转换不良情绪呢？较为实用、有效的方法是：引导孩子换个想法。因为孩子一切的情感变化，都源于他们的想法，想法改变了，心境就变了。

平时，家长要多和孩子谈感受，让孩子和他的"感觉"在一起，多问"你现在有什么感觉""哪一种情绪的感受最深刻"等，帮孩子把潜藏的感觉引发出来。与此同时，记录孩子每日的情绪变化，找出他常有的情绪反应、伴随的想法及行为，并且让孩子了解情绪、想法及行为三者之间的关系。这样，当孩子遇到问题，感到无助、难过，或是悲伤时，可以引导他去尝试换个想法。因为他已经对情绪、想法、行为三者的关系有了一定的了解与切身体验，所以他很快就会明白：现在的坏情绪主要是因"想法"产生的，而不是事情本身。只要他能从这个角度考虑问题，就很容易消除自己的不良情绪。

在生活中，很多家长在面对孩子的坏情绪时常见的做法是：忍耐、发泄、逃避。结果只会让孩子的坏情绪越积越多，甚至会出现心理问题。因此，家长要学会帮助孩子及时把坏情绪转换成好情绪，有效提升其自我情绪管理能力。

第六章

儿童心理问题的指导与干预

第一节 儿童心理问题的识别和评估

一、多动症

多动症是一种比较常见的儿童心理疾病。一般患有该症的孩子智力没有问题，但存在与实际年龄不相符合的注意力涣散、活动过多、冲动任性、自控能力差的特征。

作为家长，有必要掌握一些识别与评估多动症的基本方法。特别是在孩子小的时候，很多家长都有这样的疑虑：我家孩子屁股像扎了针一样，一分钟也静不下来，是不是患有多动症？

有调查显示，有5%~10%的孩子有"多动症"倾向。一半以上的多动儿童，早在新生儿时期就有兴奋、多动、睡眠障碍等表现。到了幼儿时期，他们往往表现出异乎寻常的活跃，整天不停地动，且情绪很不稳定、易冲动。上小学以后，大多数多动症儿童不能长时间集中注意力，坐不安宁，小动作不断，甚至会破坏课堂纪律。到了中学阶段，也就是从12岁开始，"多动"症状会逐渐减少。

多动症儿童与顽皮儿童的一些行为表现很像，但又有着明显的区别，这种区别主要体现在三个方面：

1. 注意力方面

患有多动症的儿童，不论在什么场合，都无法长时间集中注意力，即便是在看喜欢的绘本故事、动画片时，也很少会专心致志。顽皮儿童却不同，他们在看喜欢的绘本故事、动画片时，可以做到全神贯注、精力高度集中，甚至身旁有人说话，他们也不会受到干扰。

2. 行动目的性

顽皮儿童做事有一定的目的性，并有自己的计划及安排。虽然表面上他们做事杂乱无章，一会儿做这，一会儿干那，其实他们心里清楚自己要做什么。多动症患儿做事缺少计划性，行动较为冲动、杂乱，经常有始无终。

3. 自控能力方面

在一些较严肃，或是陌生的场合，顽皮儿童会表现出一定的自控能力，他们能够意识到规则的存在，知道有些事情是不能做的，否则会受到相应的惩罚。所以，他们在需要自我控制的时候，可以做到安分守己，不吵不闹。

相比之下，多动症患儿的自控力较差，他们很难控制自己的行为，即使有人告诉他："这样做会被批评，是不受人欢迎的。"他们依然乐此不疲，我行我素，即便因此受到了一定的惩罚，也"不长记性"。

综上所述，虽然多动症儿童与顽皮儿童的一些行为看上去较相似，但二者之间存在着本质区别，即顽皮儿童可以控制自己的行为，但多动症儿童很难控制自己的行为。因此家长既要理性地看待孩子所谓的"顽皮"，也不要轻易认为，"孩子还小，闹腾也很正常"。

二、自闭症

儿童自闭症又叫儿童孤独症，是一类通常发病于 3 岁前、以社交交流和互动障碍及狭隘兴趣、重复刻板行为和感知觉异常为主要特征的神经发育障碍。该病症会严重影响孩子的自理能力、社会交往能力，以及日常的学习等。

一般，可以从语言、行为、社交三个方面的表现来判断孩子是否患有自闭症。

1. 语言表现

自闭症儿童存在一定的语言障碍，比如：无语言或语言发育迟缓；异常的语音语调，说话缺乏抑扬顿挫；不能正确使用"你""我""他"；说话声音过高或者过低；不能持续和他人进行对话，不知道如何发起、维持和结束对话；与别人沟通时，总是答非所问；与他人说话时，缺少眼神交流；不能使用常用的非语言沟通方式，例如手势、卡片等。

2. 行为表现

在日常生活中，自闭症儿童的行为举止较刻板，主要表现有：一是存在强迫或仪式性的行为模式。例如，他每天用餐时，桌上须放一杯饮料，如果有一天他发现桌上没有饮料，有可能会发脾气、哭闹。二是自我刺激行为。比如，有些孩子会不停地抖腿、搓手、挥手等，有一些自闭症儿童会做出一些攻击行为。三是异常专注于一件事物的某一两项特征。比如，玩汽车玩具时，只用手不断拨动轮子。

3. 社交表现

在与同伴玩耍时，自闭症儿童会表现出一些社交障碍，比如：喜欢自娱自乐，不怎么关注他人的表现，对他人的活动不感兴趣；别人喊他名字，几乎不会做出回应；拒绝或抗议他人的接触；对独处感到满足，不参与他人的活动，显得与周围人格格不入；不理解他人的肢体动作或面部表情的意义；没有社会规则意识；缺乏主动分享等意识。

在生活中，如果家长发现孩子时常表现出上述的一些行为时，要及时带孩子到正规医院专科就诊，在给予初步干预指导的同时，进行进一步的自闭症诊断、评估。

三、抽动障碍

日常生活中，有些孩子会频繁眨眼、皱眉、吸鼻、噘嘴、张口、摇头等，其家长认为这是孩子养成的坏习惯，并试图通过严格的管教来让孩子改掉这些"坏习惯"。许多时候，这些看似是"坏习惯"，实则与抽动障碍有关。

抽动障碍是一种起病于儿童和青少年期，以快速、不自主、突发、重复、非节律性、刻板、单一或多部位肌肉运动抽动或发声抽动为主要表现特点的一种复杂的、慢性神经精神障碍。心理学认为它是一种心理疾病。

（一）基本症状及表现

抽动障碍有三种表现形式：运动性抽动、发声性抽动、多发性抽动。

1. 运动性抽动

运动性抽动的症状表现为：不自主地眨眼、挤眉，以及吸鼻子、张口、努嘴、点头、甩头、摇头耸肩、伸脖子、做鬼脸、拍手、跺脚，以及模仿他人的一些行为等。

2. 发声性抽动

发声性抽动的症状常表现为：毫无缘由地清嗓子；有"嗯""啊"等单调的发声，或者发出类似动物的叫声；模仿性言语、重复性言语。

3. 多发性抽动

多发性抽动的主要表现形式是：眼肌、面肌、颈肌或上肢肌反复进行迅速的、不规则的、短暂的抽动。如果症状比较严重的话，肢体或躯干也会跟着出现爆发性、不自主的抽动，且抽动比较频繁。

（二）治疗

根据临床类型和严重程度的不同，抽动障碍的治疗策略与方法也不同。对短暂性抽动障碍，或症状较轻者，可采用心理治疗。对于慢性运动、发声抽动障碍，可采用药物治疗与心理治疗。

1. 药物治疗

常使用的药物一般是一些非典型性的抗精神病药物。通常，在进行药物治疗时，开始剂量要小，然后逐渐增加，在达到控制抽动发作的目的并维持一定的疗程之后，再逐渐减量，并且要注意药物的不良反应。

2. 心理治疗

心理治疗主要包括心理支持治疗、认知治疗和行为治疗。心理支持和认知治疗的目的是调整家庭系统，让患者和家属了解疾病的性质及症状波动的原因，消除学校和家庭环境中可能对症状的产生或维持有负面作用的不良因素，减轻患者因抽动症状所继发的焦虑和抑郁情绪，提高患者的社会功能。

通常，抽动障碍的症状在精神紧张时会加重，在精神放松时会减轻，睡眠时会消失。所以，家长平时应多理解、尊重孩子，并给他们一些明确的行为引导，以减轻孩子的紧张、焦虑和自卑感。另外，也要注意多培养孩子的兴趣爱好，重建其自信。

四、精神发育迟缓

每个家长都希望自己的孩子聪明伶俐，但是有些孩子在生活与学习中，会表现出和其他孩子不一样的行为特征，比如，言语落后、反应迟钝，对常见事物不能准确命名和辨认。这些有可能是孩子精神发育迟缓造成的。

精神发育迟缓，也是人们俗称的"智力低下"。一般表现是：智力比同龄孩子低，或者精神方面发育不健全。在儿童各类疾病中，该病占的比例较高，危害也较大。

（一）分类

世界卫生组织（WHO）依据智商水平，将精神发育迟缓分为以下四个等级：

1. 轻度

智商在 50~69 之间，成年后可达到 9~12 岁的心理年龄。幼儿期即表现出智能发育比同龄儿童迟缓，小学以后表现为学习困难。能进行日常的语言交流，但是对语言的理解和使用能力差。通过职业训练能从事简单非技术性工作，有谋生和家务劳动能力。

这类孩子可以从事简单劳动，可以实现生活自理，能够完成小学阶段的学习，但之后的学习会非常困难。

2. 中度

智商在 35~49 之间，成年以后可达到 6~9 岁的心理年龄。从幼年开始，患者智力和运动发育都较正常儿童明显迟缓，不能适应普通小学的就读。能够完成简单劳动，但效率低、质量差。通过相应的指导和帮助，可学会自理简单生活。

中重度智力障碍通常由先天因素导致。这类孩子生活自理比较困难，需要家长的帮助。

3. 重度

智商在 20~34 之间，成年以后可达到 3~6 岁的心理年龄。患者出生后即表现出明显的发育延迟，经过训练，只能掌握一些非常简单的语句，不能和他人进行有效语言交流，不会学习，不会计数，不会劳动，生活常需他人照料，不具备社会交往的能力。

4. 极重度

通常，极重度者的智商在 20 以下。其成年后，生活完全不能自理，心理年龄如同三四岁的孩子一样。平时，他们连父母、亲人都记不住，完全无法与人交流，只能以原始性的情绪表达需求。另外，他们也意识不到什么是危险。

（二）治疗

精神发育迟缓的病因较多，尚有不少病因不详，这给治疗带来了一定困难。就目前而言，治疗原则是以教育训练为主，药物治疗为辅。

1. 教育和康复训练

不论是哪种类型、什么年龄的患者，都可以对其进行教育与康复训练。但整体来说，年龄越小，开始训练越早，效果越好。

2. 心理治疗

行为治疗能使患者建立和巩固正常的行为模式，减少攻击行为或自伤行为。在心理治疗的过程中，患者的父母可以了解更多与疾病相关的知识，这有助于其对患者的教育和康复训练。

3. 药物治疗

一般精神发育迟缓是可以吃药治疗的，患者在吃药期间一定要积极配合医生，平时可以多吃一些肉、蛋、奶等营养高的食物，保证充足的睡眠时间，不要熬夜，保持心情舒畅，多注意休息。药物治疗须遵医嘱。

（三）护理

对精神发育迟缓的儿童，要做好三方面的护理。一是安全和生活护理，患儿的居室应安全、简单、整洁，室内严禁存放危险物品，注意患者日常生活的照顾。二是在心理治疗和行为治疗期间，要多与其进行沟通。三是心理护理。不论患儿的精神发育迟滞有多重，要充满爱心，尊重他们，切勿歧视打骂。

精神发育迟缓是一种精神类的病症，在预防和治疗上会有一定的难度，需要我们做到早预防早发现早治疗。而且父母要积极地干预，让孩子健康、快乐地成长。

五、对立违抗性障碍

有些儿童经常"有意图"地与父母、老师对着干，甚至会摔打东西等。不要简单地认为，这是因为孩子脾气暴躁，是叛逆。其实，这些行为是对立违抗性障碍的外在表现。所以，家长要理性地看待孩子的一些"叛逆"行为。

对立违抗性障碍，又称违抗性障碍，是一类常在学龄前期出现的，以持久的违抗、敌意、对立、挑衅和破坏行为为基本特征的儿童行为障碍。

小文今年8岁，逆反心理非常强，经常不服父母管教。家长尝试过不少办法，如讲道理、建立奖罚制度等，但收效甚微，甚至有时小文会变本加厉，主动挑衅父母。后来到医院一检查，才知其患有对立违抗性障碍。像小文这样的孩子，在面对权威，或是他人的说教时，对立违抗性障碍就容易发作。

（一）表现

对立违抗性障碍的主要表现有以下三个方面：

1. 对抗权威和规则的行为

这样的孩子不怎么服从管理，常对抗或拒绝服从学校、家庭的要求或规定。当受到批评时，总是强调客观，与人争辩；当与人发生纠纷时，不能通过谈判、让步而和对方达成妥协；时常为了逃避批评和惩罚，而把自己的错误归咎于别人，甚至责备他人。

2. 消极、敌意、愤怒的情绪

他们情绪不稳定，内心时常感到无助，自尊心易受挫，对挫折耐受力差，常因一点小事而发脾气，他们容易曲解别人的意思，一句善意的话也容易惹得他恼怒。发脾气时怨恨他人，习惯将所有不顺利都归咎于他人。

3. 社会功能受损

他们对学习无兴趣，学习成绩差。父母和老师试图通过增强孩子的努力程度来弥补，却往往无济于事。由于孩子常烦扰、怨恨、敌视他人，他们与同伴相处困难、孤傲、不合群，不愿或较少参加集体活动，与父母、教师等缺乏交流，亲子关系、师生关系受损。

（二）成因

对立违抗性障碍的发病因素主要集中在个人、家庭、学校三个方面。

1. 个人因素

对立违抗性障碍的发生与儿童个人的心理素质有关，比如，经常发脾气，或是习惯因自己的错误而责备他人，抑或常发怒或怨恨他人等。

2. 家庭因素

家庭是人出生后接受养育和进行社会化发展的第一站。亲子关系是家庭中最基础、最核心的人际关系，而亲子关系的质量是对立违抗性障碍儿童发生的预测指标之一。

3. 学校因素

学校因素主要有：校纪校规的约束；老师对学生的不良行为进行提醒、责备、训诫、惩罚；经常与学生发生争吵等。这些都有可能使儿童产生挫折感。为了应付这种局面，他们常会采取对抗、消极抵抗，甚至攻击的行为方式。

（三）干预

目前，干预或治疗对立违抗性障碍的方法主要有三种。

1. 认知行为治疗

对立违抗性障碍常见于 10 岁以下的儿童。对这个年龄的孩子，可有针对性地进行个体化的认知行为治疗，即通过帮助孩子了解其产生对立违抗行为的原因，教会孩子一系列的"管理愤怒""控制情绪"和"解决问题"的方式，从而让孩子能够用积极的方式来逐步替代其对立违抗的行为手段。这类治疗手段通常在孩子年龄较小、其家庭关系和社会互动还没有变得那么难以处理时比较有效。

2. 家长训练项目

不当的家庭教育也是对立违抗性障碍的成因之一，所以家长要学会科学的教育方法。在干预或治疗孩子的对立违抗性障碍时，家长可以有针对性地参与些训练项目，以便在干预或是治疗过程中至少要做到以下几点：学会强化和鼓励良好行为，并能够建立有效的鼓励机制；针对一些不良行为，要给予有效的负反馈；当不良行为过于严重而不能被忽视时，取消给予孩子的某些特权；避免不良行为的"触发点"。

3. 药物治疗

药物不针对对立违抗性障碍的成因，而只能解决某一类具体的症状。而对立违抗性障碍的形成因素是综合性的，涉及大脑的高级认知功能、情绪控制能力。

总的来说，药物疗法和社会心理干预相结合的联合治疗，才是治疗对立违抗性障碍的有效方案。

六、青春期抑郁症

晓月读高中，是一位阳光活泼的女生，但是每天睡觉前，经常会莫名地忧伤。这种情况持续了两个多月。她不知道自己怎么了，她的父母也都认为"孩子处于青春期，遇到一些不开心的事情，闹情绪很正常"。后来，她到医院做了一个心理测试。医生说她患上了青春期抑郁症。

从儿童到老人，都可能患上抑郁症。相对来说，青春期是抑郁症高发阶段。作为家长，要多留意这一时期孩子的情感变化，一旦发现孩子有抑郁倾向，要及早进行干预。

（一）表现

通常，患有青春期抑郁症的孩子在生活与学习中会表现出如下一些特征。

1. 出现明显的学习障碍

较常见的有：记忆力下降、注意力不集中、反应迟钝、上课老走神，有时大脑一片空白，成绩下降明显。

2. 身体某些部位感觉不适

比如，觉得嗓子不舒服，胸口疼，恶心等。有的患者到医院却没有检查出一点问题，但就是感觉身体的某个部位不舒服，并且会把学习状态下降原因归结到身体不舒服。

3. 过分猜忌，疑神疑鬼

比如，总是觉得同学和老师都在背地里议论自己，认为他们看得出自己的心思、不喜欢自己，觉得自己被集体排斥，自我贬低。

4. 情绪低落，对任何事都提不起兴趣

很多青春期的孩子都会出现厌学情绪，但是青春期抑郁症的孩子不仅对学习失去兴趣，对其他东西也提不起兴趣，整天情绪低落、闷闷不乐，有时又会焦虑紧张、烦躁不安，情绪大起大落。

（二）成因

之所以说青春期是抑郁症的易发、高发阶段，主要有以下四个原因。

1. 学业压力大，生活枯燥

青春期的孩子们在学校处于高度紧张的学习氛围中，回到家则是单调枯燥的生活方式，永远有写不完的作业、上不完的辅导班，每天都过得很疲惫，很少有休闲娱乐的时间。

2. 睡眠不足带来精神焦虑

兴奋的中枢神经系统、密集的学业任务、各种考试前的紧张焦虑，都会给青春期的孩子带来睡眠障碍，常见的有入睡困难、睡中多梦、半夜惊醒难

再睡着、越睡越觉得累等情况。这些睡眠问题，又会让孩子出现一系列负面的情绪，比如，抑郁、焦虑、烦躁不安、易怒等。

3. 自我意识高涨导致敏感多疑

伴随着自我意识的发展和第二性征的发育，青春期的孩子高度关注自己在他人心中的形象、在学校团体中的地位，面对人际交往的困扰和冲突时，或冲动或退缩，事后又会产生后悔感、自卑感。

4. 缺少情绪宣泄渠道

青春期的孩子对挫折的承受能力较低，与父母的关系也不如过去融洽，面对高压的生活喜欢把各种烦恼憋在心里，不知道该向谁倾诉和求助，因此各种心理冲突频现。

（三）治疗

发现孩子患有抑郁症，或是有抑郁倾向，家长要及时带孩子到医院治疗，避免其进一步发展。一般，抑郁的程度不同，治疗方式也有所不同。

1. 轻度抑郁症

对患有轻度抑郁症的孩子，主要进行心理治疗。在治疗过程中，要与其建立良好的关系，并积极引导他们表达负面情绪。同时，要鼓励他们积极面对问题、解决问题。

2. 中度抑郁症

如果经过评估，孩子达到了中度抑郁，就要开始用药物治疗了。有些父母担心药物会产生副作用，拒绝让孩子使用药物。其实，目前一些新型抗抑郁药起效快、副作用小，有助于巩固疗效，并减少复发风险。

3. 重度抑郁症

如果孩子患有重度抑郁症，可同时进行药物治疗与心理治疗。通常，先通过药物治疗缓解病情，然后再进行心理治疗。

最后，给爸爸妈妈们一点建议：治疗抑郁需要专业医生指导、药物帮助和自身改变这三个方面共同进行。与此同时，一定要做到早发现、早治疗，这也是疗愈孩子心理问题的最佳选择。

第二节　儿童心理问题的干预

一、儿童心理问题的干预原则

家长与教师不但要重视孩子的心理健康问题，而且要学会进行科学、有效的心理、行为辅导，帮助儿童解决各种心理、行为问题。在对儿童心理问题进行干预时，应遵循三个基本的原则，即全体性原则、发展性原则、保密性原则。

1. 全体性原则

即所有儿童都是心理健康教育的对象。比如，在制订儿童心理健康教育的计划，或是组织和开展相关教育活动时，要照顾到所有儿童。与此同时，也要考虑个别儿童的特殊情况与需要。

2. 发展性原则

儿童心理健康教育兼有矫治、预防和发展三种功能。发展性原则既要求家长和学校以发展的眼光来看待儿童，又要求其以发展为重点，极大限度地发展儿童的潜能。要明确发展是心理健康教育的出发点和归宿，将防治与发展结合起来。

3. 保密性原则

保密性原则是指在儿童心理健康教育过程中，教师和家长及相关的成人对儿童的心理问题等情况要保密，儿童的隐私权应受到道德上的维护和法律上的保护。比如，不可以公开对儿童的心理干预过程。另外，切忌在儿童面前议论其心理问题以及缺陷。

二、儿童心理问题的干预技术

（一）认知行为治疗

儿童都比较喜欢模仿，尤其是模仿身边的人，如家长、邻居、同伴，或是电视上的人物，但是他们的社会生活经验不足，认知水平较低，因此很难辨别一些不良行为，极容易沾染各种不良习气，如说谎、偷窃、嫉妒行为、破坏性行为、攻击行为、残忍行为等，这些不良行为会严重影响儿童的生活和成长，应及时纠正并给予相应的心理疏导和引导。

为了消除孩子的不良行为或心理问题，可以运用认知行为治疗。认知行为治疗主要通过认知重建、心理应对、问题解决等技术进行心理咨询和治疗。其中认知重建是治疗的关键，其旨在帮助儿童建立信心，塑造积极的人生观、价值观。

认知行为治疗可以被看作是一种积极正面的心理健康教育，它不但能为儿童提供正确的道德指引，树立正确的行为规范准则，增强其辨别是非的能力，而且可以预防一些不良行为的发生，有助于儿童养成良好的行为习惯。特别是对于缺乏自信的儿童，更需要进行认知行为治疗。

（二）家庭治疗

在现实中，有不少这样的情形：家长认为孩子有心理问题，带着孩子找心理医生寻求帮助，结果，一顿咨询下来，心理医生却发现家长"有问题"。其实，很多问题孩子的背后，都有一个或一对问题家长。也就是说，不只孩子心理出了问题，整个家庭系统都出了问题。这时，就需要进行家庭治疗。

冬冬刚上初三，原本性格开朗，但有一段时间，他变得沉默寡言，有时一放学就把自己锁在房间里，一个晚上都不出来，很少和父母主动交流。父母一提起学习问题，他就发火，一脸的不耐烦，像完全换了一个人。父母很担心，便带他到医院咨询。

原来，父亲创业失败，回家经常莫名地发脾气，迁怒于家人。他一旦据理力争，父亲便厉声训斥，并且说他"学习成绩差""没出息"。所以，家庭成员之间的关系变得非常紧张。

最后，心理医生给出了一个治疗方案：进行家庭治疗，即让他们一家人都参加咨询。其间，心理医生通过一些方法，不断地调整他们的心理与认知。如今，这一家人其乐融融，变得又像之前那样温馨，冬冬也恢复了昔日的自信和快乐。

在日常生活中，孩子很难对自己的一些行为，以及自己是否优秀进行准确评价。这时，家长的评价、指导就显得非常重要。要正确地评价、指导、影响孩子，家长首先要拥有健康的心理、正确的认知，而不应成为被干预的对象。一旦发现自身存在心理问题，要及时接受家庭治疗。

（三）支持性心理治疗

支持性心理治疗，又叫支持疗法，是一种以支持为主的特殊心理治疗方法，主要特点是运用医生和患者之间的良好关系，积极应用医生的权威、知识和关心来支持患者，使他发挥自己的潜力，面对现实，处理问题，度过心理上的危机。

支持性心理治疗的基本原则是二元治疗：一方面直接改善症状；一方面维持、重建自尊或提高自信、自我功能和适应技能。为此，治疗师需要检查患者的现实或移情性人际关系，以及情绪或者行为的过去和当前模式。通过对患者的直接观察而支持患者的防御，减轻患者的焦虑，增加患者的适应能力。

比如，患者说："你考虑事情比较周到。我总是遇到麻烦，而你总能知道问题在哪，怎样解决。"

治疗师说："过奖啦。其实每个人总是说得容易做到难。"

这里，治疗师就运用了支持性心理治疗。他鼓励患者表达积极感受，如果对方表达了一种积极感受，治疗师会接受，而不会试图帮助患者理解他为何会出现这种感受。

支持性心理治疗的对话式会谈是互动性的，治疗师需要倾听或等待患者接下来要说什么，但不会等待太久。治疗师不但要关心和接纳患者，还要对患者做出积极的回应，如，反馈他们一些好的消息，或是赠送他们一些喜欢的东西。

在生活中，当孩子遇到一些麻烦，比方说学习、生活，或者是人际关系严重受挫，或者是因精神或躯体疾病引起精神紧张、情绪紊乱、剧烈心理矛盾，以至于消极悲观，甚至有自杀意念时，都应及时给予精神上的支持。

（四）行为疗法

在对儿童心理问题的指导与干预中，常用的行为疗法有四种。

1. 系统脱敏法

在前面介绍如何缓解儿童恐惧情绪时，我们提到了系统脱敏法。它是一种逐渐去除不良条件性情绪反应的技术。它是在充分放松的心境下，让儿童逐渐接近所惧怕的事物，或逐渐提高其对所恐惧的事物的刺激强度，使其对惧怕的事物的敏感性逐渐减轻，直至完全消失的方法。该方法除了用于儿童焦虑症外，还可以用于神经性厌食等。

系统脱敏法治疗的基本原理为：一个人的行为方式在同一时间、同一空间只能有一种倾向，即在喜悦时，不可能有悲伤；在悲伤时，也不可能有喜悦。悲伤和喜悦往往是相互抵制的，不可能同时发生。系统脱敏法正是运用这交互抑制原理来矫治一些心理或行为的。

该方法的操作分三个步骤：

首先，肌肉松弛训练。

其次，设计一个供想象的焦虑层次。

再次，将松弛训练与想象层次结合。

2. 实践脱敏法

如果儿童无法自我放松，也不能对焦虑情境进行想象，便可以采用实践脱敏法。该方法适用于儿童焦虑症、恐惧症等。

具体的操作方法为：将儿童不良情绪分为若干层级，让其逐级暴露于引起焦虑的实际情境或实物前，同时给予阳性刺激，如给他一些喜欢吃的食物，使二者产生桔抗而逐步脱敏。

举个例子：某小朋友非常怕狗，治疗开始时先让他吃一颗糖果，与此同时，让他看一张狗的照片，谈有关狗的趣事，之后再让他看远处关在笼子里的狗，然后再分次逐渐走近狗笼。直到不再怕狗。

3. 冲击疗法

冲击疗法是以恐治恐的方法，也是系统脱敏法的一种变形。主要用来治疗儿童恐惧症、焦虑症、强迫症等。

它将患者恐惧的对象或者场景，展示在患者面前，刺激患者产生恐惧情绪，且限制患者逃离，直至患者恐惧情绪达到极点，然后缓慢恢复至正常，治疗结束。该疗治的原理是：当患者体验到最高程度的恐惧时，看到自己竟安然无恙，恐惧便会降低或消退。

在治疗前，要向患者认真地介绍冲击疗法的原理和过程，如实告诉患者在治疗中必须付出的痛苦代价。患者和家属同意后在治疗协议上签字，并进行必要的体检，排除心血管疾病、癫痫等重大躯体疾病。

4. 暴露疗法

暴露疗法是一种常见的行为治疗方法，即让患者暴露于自己恐怖的某种特定场景当中，以迅速地矫正患者对于自己恐怖、焦虑或者担心、害怕的错误认识，并且消除由这些刺激引发的习得性焦虑、恐怖以及预期的焦虑、恐怖等。该方法常用于治疗焦虑症、恐惧症，以及创伤后应激障碍之类的疾病。

这种情况是有一定的风险的，因此必须在让患者感到非常安全、可靠的环境中重新体验创伤的经历，建立新的面对恐惧、焦虑场景的经验。

（五）小组人际心理治疗

小组人际心理治疗主要用于治疗儿童期所受创伤。如果儿童受到心理创伤，且得不到及时、有效的治疗，时间久了，很可能会发生心理扭曲，甚至发展为抑郁障碍。儿童期受创伤导致的抑郁障碍，主要有这么几种表现：对许多事情缺少兴趣；整天情绪都比较低落；有自杀或是自虐的倾向等。对这种儿童宜运用人际心理治疗。

其大致的方法是：首先由一些心理治疗专家组建医疗小组；对患者进行心理访谈，了解其抑郁程度，传递治愈的信心；针对患者的个性化差异，制定综合的治疗方案，并以互动的方式化解患者的心理阴影，帮助其正确处理治疗期间的情绪问题；让患者就生活中的一些事情发表观点，并对其进行点评，帮助患者理性地认知、分析问题。

第七章

亲子关系的指导与干预

第一节　亲子关系的类型

亲子关系，简单来说就是父母与子女之间的关系。在法律上，是指父母与子女之间的权利义务关系。父母与子女是家庭的重要组成部分，和谐的亲子关系是亲子教育的基础。所以，父母要想更好地教育孩子，就必须与其建立良好的亲子关系。

良好的亲子关系可以促进孩子形成健全的人格和良好的人际交往能力，以及促进孩子健康快乐地成长。

通常，亲子关系可以分为四类：

1. 专制型

专制型的父母喜欢控制孩子的言行，他们会对孩子提出很多严厉的要求，并希望孩子严格遵守。他们的话就像金科玉律，要求孩子绝对服从。一旦孩子不听，他们喜欢用惩罚的方式来让孩子吸取教训。

这种家长典型的一句话是："不许看电视，去做作业，做完再练习一小时美术。"在下命令时他们从不考虑孩子的感受，也很少关注孩子无奈、不情愿甚至是愤怒的表情。他们认为他们是为孩子好，所以孩子应该无条件服从。

专制型父母容易教养出内向、自卑的孩子。有的孩子会表现出过分依赖父母，失去自己的主见和独立的精神；有的孩子则会表现出愤怒和敌意。

2. 放任型

如果用一个词来形容放任型父母，那就是"溺爱"。放任型的父母一味纵容孩子，几乎不对孩子提出任何要求，他们很少限制孩子的行为，而是让孩子随意表现自己的情绪或冲动。他们不帮助孩子制定规则，也不教导孩子应该对自己的行为负责。

放任型的父母培养出的孩子，往往具有这样的特征：以自我为中心，缺少规则意识；自我控制能力差；独立性差；社交能力较低；不懂得换位思考；很难与他人建立起融洽的关系。

3. 权威型

一听到"权威"二字，有些家长会认为，在这样的家庭中，亲子关系一定很紧张。其实不然，权威型父母的教育方式是比较灵活的。他们深爱着孩子，在孩子需要的时候能够及时给予他们情感上的支持，但他们不会一味纵容孩子，而是帮助孩子制定清晰的规则，并向孩子解释为什么要这么做，引导孩子学会遵守规则。同时他们懂得尊重孩子，会让孩子参与家庭决策，努力创造一个民主的家庭氛围。

在权威型家庭中成长的孩子，他们更多表现出独立的人格，对待同伴更加友好，有自己的主见，同时又具有合作精神。

4. 忽视型

忽视型的父母在情感上表现为漠不关心、拒绝等，他们不太关心孩子的成长，甚至疏远、拒绝孩子，他们把自己的任务仅仅定位在为孩子提供吃穿住行等方面。

在忽视型的教育类型下成长的孩子，因为没有得到足够的情感支持，他们常常有一种不被爱的感觉，自我价值感较低。他们可能会封闭自己的情感，变得冷漠、无情，在人际交往方面显得无助，甚至经常会感到绝望。

父母不仅需要尊重、理解、关怀孩子，也需要教会孩子订立公平合理的规则，根据孩子的能力给他们适当的自主权，让孩子学会为自己的行为负责，这才是对孩子成长最有力的支持和帮助。

第二节　亲子关系存在的主要问题

父母与孩子之间存在天然的血缘关系，他们理应成为这个世界上最好的朋友、最信赖的伴伴。然而，事实并非如此，很多亲子关系是不健康的，甚至是存在严重冲突的。

在现实生活中，亲子关系存在的主要问题有三大类：

1. 亲子间情感疏离

即孩子和父母不亲，亲子间的情感处于疏离状态，没有温暖的亲密感。为什么会出现这种现象呢？原因有这么几点：

（1）亲子间交流方式有问题。有的父子，或是母子之间很少有交流，即便有交流，方式方法也存在一些问题，这就造成了亲子间的感情疏离。如，父亲总是以命令的口吻要求孩子，或者经常指责孩子，这样一来，孩子与家长的沟通欲望就很低，甚至会选择回避。

（2）处处"控制"孩子。平时，有些家长事事、处处为孩子着想，甚至会替孩子做一些决定。他们觉得这是为了孩子好，但孩子可能认为："这是父母不信任我，或是在有意'约束'我。"一味地大包大揽，不给孩子自由思考、发挥的空间，其实也是在变相地"控制"孩子。

（3）不懂得夸奖孩子。比如，孩子很高兴地和妈妈说："我数学考了99分。"本来以为可以得到妈妈的夸奖，不曾想，妈妈冷冰冰地来了一句："99分有什么了不起，隔壁的丽丽每次都考100分。"妈妈的本意可能是担心孩子骄傲，让他再接再厉，孩子可能会认为，妈妈在否定自己的努力。

在其他方面也是如此，父母一定要懂得适当夸奖孩子，肯定孩子的努力与付出，而不要打击孩子，或和其他孩子做比较。

2. 代沟问题突出

在我国，大多数的家庭都存在代沟问题，即两代人在思维方式、价值观、人生态度、兴趣爱好等方面存在着心理距离和隔阂。但是有些家庭，亲子间代沟问题非常突出，不但造成亲子关系的不和谐，而且影响到孩子的心理健康。

孩子的思维比较活跃，容易接受新鲜的事物。相对而言，父母的思想比较保守，甚至有些父母比较偏执、顽固，他们认为"不好"的东西，就一定不会让孩子沾染，比如网络、游戏等，他们认为是百害而无一利的。如果家长在各个方面都用自己的想法去"严格"要求孩子，而不站在孩子的角度看待问题，也看不到事物正反两个方面，结果只会造成亲子间更深的认知代沟，以及情感的鸿沟。

3. 亲子冲突不断

亲子间不断爆发各种冲突，涉及价值观层面、思想层面、行为层面等。归纳起来，这些冲突体现在四个方面。

（1）认知冲突。父母与孩子之间的认知偏差，会导致父母对孩子提出不合理的要求，并进行不合理的控制，比如，"你是我生的，就得听我的"。妈妈的不合理要求和控制导致孩子产生逆反心理，他们要么反抗父母，要么自我否定，总之自我价值感较低，缺乏安全感。

（2）情感冲突。有些父母虽然爱子心切，但是在与孩子相处时缺乏情绪管理能力，加之有的孩子已进入青春期，性格比较"叛逆"，所以，亲子间经常会出现情感冲突。

（3）行为冲突。最常见的情形是，父母不肯放手，认为孩子永远是孩子，长不大，把孩子当作"笼中的鸟"一样圈养。这种情况持续时间久了，孩子要么奋起反抗，要么破罐破摔。

（4）个性冲突。最常见的一种情形就是，父亲和儿子脾气都很暴躁，双方不交流还好，一交流就容易发生争执。类似的情况也多见于母女之间。特别是家庭中有处于青春期的孩子，如果父母的个性很强，也有些"霸道"，那很容易和孩子产生个性冲突。

总而言之，父母是孩子学习的榜样，作为家长一定要树立良好形象，做出表率，并且多理解孩子、接纳孩子，这样，才有助于创造和谐的亲子关系。

第三节 重建亲子关系的五大通道

一、信任

信任孩子是作为家长应具备的一种能力，它不但能给孩子以信心，更能给其以力量。当孩子被信任后，他们会觉得自己是有能力的，他们会认真地做每一件自己喜欢的事。很多时候，亲子关系紧张，究其原因，是缺少最基本的信任。

比如，放学后，孩子兴奋地说，他在学校的象棋比赛中获得了第三名。爸爸听后，一脸疑问："什么？你也能得第三名，是不是又来骗我？"其实，孩子真的得了第三名，但是爸爸的这种不信任，会让他很难过。

同样道理，如果孩子说："我在这次象棋比赛中没有取得名次。"爸爸听后，哼了一声，说："就你那猪脑子，也想拿名次？"孩子听后肯定会想："爸爸不相信我，觉得我是个差等生。"

建立良好的亲子关系，一定要学会信任孩子。具体要怎么做呢？关键把握好三点。

1. 收回自己的成见

父母对孩子的不信任，究其根源，不是孩子不优秀，而是父母自身有问题。要表达对孩子的信任，首先要收回成见，用新的眼光看孩子、评价孩子。

有些父母总习惯给孩子贴标签，如"反应慢""懒散""拖延"等，时间久了，便形成了一种偏见。当孩子出乎意料有好的表现时，也认为那是

"运气"，或是"那有什么了不起"，看不到孩子的努力与付出。

作为父母不能以一成不变的眼光看孩子，要多注意孩子的变化与闪光点，相信他们会做得更好。

2. 接受孩子的失败

孩子在成长过程中，难免经历失败，这就需要家长进行正确引导，帮助孩子坦然面对。如果家长不重视孩子的失败，会对孩子的性格养成造成负面影响。在孩子遭遇失败时，家长除了要认可他的努力外，还要表达对他的信任。与此同时，要与孩子一起总结失败原因，让孩子意识到：相对于结果，父母更注重他在努力过程中的情感体验。当然，切不可因孩子的一次失败，就全盘否定孩子。

3. 给予鼓励与支持

近代教育学家第斯多惠曾说过："我们的教育艺术不在于传授本领，而在于鼓励、唤醒、鼓舞。"对于孩子而言，鼓励、唤醒、鼓舞尤其重要。在生活中，有些家长对孩子的挖苦多于鼓励，孩子表现好的时候，他们视而不见，孩子表现差的时候，却第一时间站出来唠叨。结果孩子越来不信任家长。

当孩子出现正向的行为，却被家长忽略，其期待获得的赞美或肯定，竟变成父母的无视时，不免会有些失望或愤怒。他们会因此认为，即使他做得再好，父母还是不会喜欢他，亲子关系会因此疏离。反之，如果家长能给予孩子适当的鼓励与肯定，孩子不但会变得快乐、自信，而且也有助于亲子关系的改善。

总之，父母懂得信任孩子，孩子方能给予积极的反馈。信任是一种精神力量，它可以激发孩子的积极性，让孩子产生尊重感、亲密感、荣誉感和责任感。

二、欣赏

我们先做一个这样的设想：孩子经过一天的学校生活回到家后，面对的是爸爸妈妈不停地数落、唠叨，他的心情会怎样？他一定不快乐，甚至他会讨厌自己的父母。他内心真正渴望的，是父母的笑脸，是父母的夸奖。

作为家长，严格要求孩子没有错，但是，一定要懂得欣赏孩子，即便孩子表现得不如我们想象的出色。赏识教育是一种有效的教养方式，特别是在重建亲子关系时，正确、理性地欣赏孩子必不可少。

那家长该如何恰到好处地表达对孩子的欣赏呢？

1. 发现孩子的闪光点

正所谓"尺有所短，寸有所长"，任何事物都是一分为二的。再胆小的孩子，偶尔也会有大胆的举动，即便是调皮的孩子，也会有很好的表现。作为父母，要多捕捉孩子身上的闪光点，并给予及时的表扬和鼓励。

2. 赏识孩子要有度

父母不但要欣赏孩子，还要正确客观地评价孩子。具体来说，就是要把握好三点：一是不可以过度赏识，甚至把"不好"说成"好"，那样容易让孩子变得自满自傲、任性，不能客观正确地评价自我。二是表扬孩子要发自内心，不可虚情假意。三是不要笼统地表扬，那些漫无边际的表扬在孩子的心中不会产生任何激励的效果。

3. 对孩子永远充满信心

心理学规律中有一个著名的罗森塔尔效应。有一次，心理学家罗森塔尔在一所学校做完调查后，划了一部分名单告诉班主任："这些学生很有发展潜力，但不要告诉学生本人。"其实这些学生都是随便划出的，一个学期后，发现这些学生进步很快。这就是著名的罗森塔尔效应，又叫期望效应。它揭示了教育过程中这样一种心理现象：当教师对某些学生产生期望，从而对他们表现出特别的关照、注意时，那学生在体察到这种期望与关照后，会更加勤奋努力地学习。

在家庭教育中，这一效应同样适用。在重建亲子关系的过程中，家长一定要学会用欣赏的眼光看待孩子。父母只有多关爱孩子、欣赏孩子，孩子才会悦纳自己、悦纳父母。

三、尊重

每个人都有自尊，孩子也不例外。想要建立良好的亲子关系，家长必须将孩子作为一个独立的个体来看待，学会尊重孩子。尊重孩子并不是嘴上说说而已，而需要体现在具体的行动中。

1. 尊重孩子的想法

不少父母认为，孩子还小，对他们的一些想法和见解无须认真。其实不然，孩子的思想、感受都需要成人的尊重。很多时候，家长习惯用自己的一些"想当然"去评价孩子的想法，比如，孩子提出了一个听上去很天真的创意，切记不要去嘲笑他；再如，孩子在认真地思考一道数学题时，家长不要去"打击"他："这道题连妈妈都不会做，你就别做无用功了。"其实，孩子想法的对错有时并不重要，重要的是，他们的想法需要得到家长足够的重视与尊重。一个经常被人尊重的孩子，他才会去尊重别人。

2. 尊重孩子的决定

家长作为孩子的长辈，虽然有权利为孩子做很多决定，但最好还是别这么做。在帮孩子做决定前，至少要征求一下孩子的意见。在有些事情上，家长要鼓励孩子自己做决定，不论孩子最终的决定或对或错，家长都要表示尊重。比如，让孩子自己制订学习计划、作息时间，家长可以提供一些参考意见。再如，让孩子自己决定如何保管私有物品等。

3. 尊重孩子的情感

不论孩子有多么小，他的心灵对爱的回应，对情绪情感的尊重都是敏感的。很多时候，孩子需要的并不多，他们只是想让父母看到他的情绪，并且给予理解。这时，父母要学会像"镜子"一样，将孩子想说的话、想表达的情绪"反射"回去。

平时，当捕捉到孩子表现出开心、痛苦、为难、害怕等情绪时，家长要及时做出回应。比如，孩子害怕参加一项体育比赛，家长要体恤孩子的心理，表达自己的同理心。

正所谓"尊重只能靠尊重来培养"。只有家长对孩子尊重，才能培养孩子对别人的尊重。家长对孩子真正的尊重，不应只是出于"爱"的情感，也应出于责任。

四、接纳

很多亲子关系之所以出现问题，一个主要原因，是孩子认为他没有被父母真正接纳。父母对孩子的缺点和不良表现的不接纳，会给孩子带来不安全感。那么父母该如何接纳孩子呢？

1. 无条件地爱孩子

不少父母爱孩子是有条件的，比如，"你听话，妈妈就喜欢你""你考100分，爸爸就满足你的愿望"，说这些话的言外之意是：只有当孩子听他们的话，或是在某些事情上能够达到他们的预期时，他们才会爱孩子，否则就是"嫌弃"。从这个意义上看，父母对孩子的爱是讲条件的，而非无条件的爱和支持。

无条件的爱，是孩子健康成长的基石。心理学表明，孩子的自信从根本上是来自父母无条件的爱和支持。

2. 接纳孩子的独特性

每个孩子都有自己的独特之处，家长要认识和理解这种差异性的存在，接纳孩子的"不完美"。在教育孩子的时候，要多了解孩子的心理感受，不要强行把孩子改造成别人的模样。

比如，孩子性格腼腆，不怎么爱说话。如果家长认为这是缺点，就会拿孩子与性格开朗的孩子对比，结论是：性格内向的孩子竞争力差，交不到好朋友。这对孩子来说，是一种无形的伤害。其实，不论孩子性格怎样，都要接纳孩子，性格腼腆的孩子也有其优势，父母要能看到这一点，并明确地告诉孩子：每个人都有自己的闪光点，每个人也都有自己的独特性，即便这种独特性在别人看来是缺点，父母也会欣然接纳。

3. 接纳孩子的小情绪

情绪是一种能量的释放，没有对错和好坏之分。好多父母经常对孩子说："你不能发脾气，你应该冷静。"这是对孩子情绪的不理解和不接纳，会让孩子更生气。要知道，孩子在发泄情绪时，特别渴望父母的情感支持，这个时候如果父母给孩子机会，让孩子充分表达情绪，并以同理心去接纳孩子的情绪，孩子就很容易从负面情绪中走出来。

4. 接纳孩子的失败

真正爱孩子，就要无条件地接纳孩子的所有，包括他经历的失败、挫折。有些父母望子成龙，望女成凤，当孩子经历失败，如考试成绩不理想，或是在一些比赛中没有取得预期名次时，便会表现出满脸的失望。这其实是对子女"失败"的不接纳。他们希望孩子一路成功，变得越来越优秀，这种心理可以理解，但是，不能因此让孩子背上沉重的心理包袱。聪明的父母一定要懂得向孩子传递这样一种价值观：孩子，你尽管努力，无论成败得失，父母都会为你加油，为你祝福。当然了，失败也并非全然是坏事，它可以增强孩子的抗挫能力，失败与挫折的经验，对孩子来说，也是一种人生财富。作为父母，又有什么不可接受的呢？

作为父母，应该也必须接纳孩子，在接纳的同时，也要分析问题的深层原因，并注意正确引导孩子的一些不良行为。

五、合作

良好的亲子关系，应该是一种合作关系。在这种关系中，孩子是父母的合作者，不是索取者，更不是累赘。所以，父母不要一味强调自己的付出，而要善待自己，善待孩子，善待亲子关系。

那应该如何与孩子建立亲密的合作关系呢？

1. 减少对孩子的强迫

生活中，大多数父母会采用高压、强迫的手段，让孩子听从自己的命令。时间久了，容易让孩子和父母之间产生矛盾。

家长要想和孩子成为合作伙伴，一定要减少对孩子的强迫。其实，这点很像谈判，你能给孩子什么，你又想让孩子给你什么，当双方的利益都得到满足时，那么就成了合作伙伴。

2. 把自己的地位变低

大部分父母在生活中扮演着"大管家"的角色，每次和孩子说话时，都会以自我为中心，没有想过孩子的感受，让孩子有一种无力感。其实，家长应该换位思考一下，如果有人冲自己这样说话，自己是否爱听呢？因此，在与孩子相处时，父母要把自己的地位变低，多以平等的姿态和孩子交流。

3. 把决定权交给孩子

父母总是习惯帮孩子做出自认为最好的选择，而孩子未必会认可，甚至很反感。虽然在多数时候，父母拥有更多的决定权，但还是要尽可能地给孩子提供选择的自由。适当赋予孩子选择的权利，不仅能够锻炼他们的独立性，还能激发他们内在的驱动力。

在生活中，如果家长把孩子视为自己的"合作者"，并且要求自己成为孩子好的合作伙伴，那么，不但育儿之路会更加轻松顺畅，亲子关系也会越来越和谐。

第八章

家校融合的指导与干预

第一节　家校融合概述

一、家校融合现状

教育家苏霍姆林斯基有句名言："没有家庭教育的学校教育和没有学校教育的家庭教育，都不可能完成培养人这一极其细微的任务。"如今，随着社会经济的飞速发展，现代化、高质量的教育需求对学校和家长有了更高要求，家校融合助力学生成长也是必然结果。

家校融合是指家庭与学校共同参与学生的教育活动，通过沟通交流，联合对学生进行教育的过程。家校融合可以将学校、家庭双方的教育力量和教育资源进行有机整合，为学生营造良好的健康发展环境，对促进学生健康成长具有重要意义。

目前，我国家校融合的现状可以归纳为以下几点：

1. 交流内容与方式单一

目前，家校之间交流的主要内容是学生的成绩。其实，家校交流涉及的内容可以更宽泛，而不应只局限于学生的成绩。

从交流方式看，家校之间的交流以家长会为主。众所周知，家长会是一种教师对家长的一对多的带有一定强制性的合作方式。但是，除了家长会，没有更有效的家校沟通的方式，即家校之间缺乏组织化、常态化、制度化的沟通渠道与方式，家校之间缺乏主动性的沟通。

2. 家长参与度较低

家长参与学校的教育教学、管理、决策和服务工作是家校合作的重要方面。在家长参与学校教育的过程中，家长可以与学校教师及管理层建立紧密、亲切的联系，为良好的合作创造前提条件。但是，就目前的家校合作情况来看，家长参与学校教育的程度较低。

3. 交流单向，缺乏互动性

家校合作不应是单向的，而应是家长与学校、家长与教师相互交流、相互了解、相互配合、相互支持的一种双向互动过程。现实中的情况是，老师与家长间只有单向交流，即老师讲家长听，也得不到家长有价值的反馈，更像是老师向家长阐述学生的在校情况。比如，在家长会上，多数家长不会发言，只是例行出席，走个过场。像这样的家长会，老师在唱独角戏，双方缺乏有效的、深入的互动，故难以达成预期的交流效果。

4. 过于随意，缺乏连贯性

许多学校的家校合作活动都没有被正式纳入学校的年度教学工作计划之中，而是在需要的时候，或是在固定的时间举行。这样就使家校合作活动在时间上断断续续，在活动的内容上缺乏前呼后应，家长无法找到活动规律，也就无法找时间与学校沟通，家长在活动中所获得的教育知识也不够系统，无法形成一套相对完整的家庭教育观念、知识、方法的体系。

除此之外，很多学校都不太重视家校融合，认为学校的主要责任是学科教育、德育工作，而不是为了与家长沟通、合作。这样的学校不仅失去了调动家长积极性的机会，而且还使得家长过分重视孩子的智力教育，忽视人格教育。

二、家校融合的指导方向

学校不是教育的孤岛，学生成长需要家庭、学校和社会之间持续的、高质量的互动与合作。鉴于目前我国家校融合的现状，未来，家校融合应在以下几个方向发力。

1. 明确学校教育和家庭教育的职责

家庭教育以及家校融合对学生的成长有重要意义，未来，家长将作为重要的教育"合伙人"，在家校合作中发挥更重要的作用。为此，学校与家长都要更加明确自己的具体目标和任务，以及职责边界，避免产生责任推诿或冲突。在这方面，可以借鉴国外一些成功的经验，如双方签订"家校合同"，约定双方的职责。

2. 提高家长参与教育的意识和能力

未来，随着家长的家庭教育能力及其家校合作能力的提高，家长、学校、学生都可从中受益。早在 2015 年，《教育部关于加强家庭教育工作的指导意见》就明确指出，要强化学校对家庭教育工作的指导。针对当前家长自身家庭教育能力不足、参与孩子教育与家校互动的意识和能力不够的局面，学校应通过形式多样的家校活动为家长赋能。与此同时，家长也应接受系统、科学的培训，从整体上提升自己的家校互动参与意识与家校沟通能力。

3. 建立"三位一体"的教育模式

三位一体的教育模式，指将教师教育、学生自我教育、家长教育相结合的教育模式。学生可以参与家校合作，与教师、家长平等交流。对于处于青春期的学生来说，教师或家长的批评教育只会加剧学生的叛逆，与其一味地纠正学生缺点，不如让学生自己反思。教师和家长需要做的是，与学生一起找出问题产生的原因，协商解决办法。

在这种新的教育模式下，学生有机会更清晰地表达自己的想法，从而让学校教育、家庭教育更加具有针对性。再如，当教师和家长产生冲突时，学生可作为调解员来化解双方矛盾。学生的成长离不开学校和家庭的教育，学校和家庭的教育也需要学生的理解和配合，当学校、学生、家庭三者形成教育合力时，教育效果也将显现出来。

4. 提升教师阅人能力和家校沟通技巧

想要实现良好的家校互动，教师是关键。未来，学校将会更多地为教师赋能，提升其在家校合作与家校互动中的能力。在知识方面，要求教师要能

"读懂学生"，在其面对不同学生、不同家庭时，都能进行有效的家校互动，对学生发展给出清晰明确的指导；在沟通能力方面，教师需掌握与家长沟通的策略和技巧，在日常工作中能与家长有效互动，学会应对"家师"矛盾，并能妥善处理"家师"冲突。

第二节　家校融合的途径

一、多对多途径

目前，家校融合的途径主要有两种：一种是多对多途径；另一种是一对一途径。家校融合的多对多途径，也可以理解为是家庭教育集体解答活动，它的主要形式包括家庭教育讲座、家庭教育经验交流会、专题座谈会、家长会等，它涉及学校与家庭、班级与家庭、教师与家庭三个层面的交流互动。

1. 家庭教育讲座

家庭教育讲座是针对家庭教育中存在的较为普遍问题而展开的讲座。它是多对多途径中的一种。

讲座的内容主要包括：家庭教育的概念、本质、特点、规律；家长怎样树立正确的家庭教育观念、掌握家庭教育的科学方法；如何纠正家庭教育误区；家长素质与家庭教育的关系；家庭德育、家庭智育以及家长的人才观问题；亲子间代沟问题；创建学习型家庭；孩子的学习方法问题、孩子的青春期教育问题、孩子的安全教育问题、孩子的健康保健问题、孩子的心理健康教育问题等。

主讲人可以是学校的领导和教师，也可以请教育学专家、心理学专家、社会学专家和医学卫生等方面的专家。不论是谁主讲，都要熟悉学生生活和家庭教育实际，既有丰富指导经验，又要有一定理论水准。

2. 家庭教育经验交流会

家庭教育经验交流会，是家长之间进行家庭教育经验交流的一种活动。

这种交流不但让家长感到亲切，且能有效解决具体问题，也有助于推广好的家庭教育经验与方法。

平时，家长在教育孩子的过程中会遇到很多问题，有些问题让他们束手无策。在家庭教育经验交流会上，他们可以把这些问题抛出来，与大家一起探讨。可以说，一些教子有方的家长都可以称得上是家庭教育专家，其在家庭教育经历中积累了大量宝贵经验。对于这些问题，他们往往有着自己独特的认知。

3. 专题座谈会

专题座谈会是家长互相咨询的一种好方法。特别是当多位家长存在共同的疑问或烦恼时，大家可以坐到一起，就这些问题举行一次专题座谈会。当然，也可以请专家来答疑解惑。

4. 家长会

家长会是传统的沟通形式。它可以帮助家长提高家庭教育水平，掌握孩子发展情况，了解学校教育现状，能够联络、加深家长、学生和学校三方之间的感情，排除教育中消极的因素。为使学生健康成长，可以根据班级学生的具体情况以及各阶段的教育任务，有计划设计、组织内容、形式各异的家长会。如报告式家长会、交流式家长会、展览式家长会、表演式家长会、会诊式家长会等。

从指导家庭教育的角度来看，大部分的家长会并未发挥出其应有的作用。作为教师，特别是班主任老师，在家长会上应向家长介绍学生的生理、心理发展的规律和特点，介绍家庭教育的知识和方法，介绍学生所处年龄段容易发生的问题和处理办法。开一次家长，讲一个问题，时间长了，家长的家庭教育知识也就越来越丰富了。

另外，在家长会上，家长可以谈谈自己的想法，或提一些要求。如此，把家长会开成情况交流会、家庭教育经验交流会、教师与家长的谈心会和家庭教育研究会。

5. 亲子活动

亲子活动是指中小学校请学生家长带其孩子来指定活动场所，通过亲子共同参与需要默契配合的活动，来促进亲子关系健康发展，并让家长在活动中潜移默化地接受家庭教育指导的一种集体性活动。例如，学校在节假日或双休日组织的"亲子联欢"活动，每年春秋两季的"运动会"，班级组织的"亲子才艺展示"活动，年级组织的"亲子夏令营"等。在参加这些活动时，全家人都可以上阵。

在活动前，要细心调查家庭教育中存在的问题和家长的需要，精心设计活动方案，同时也要分析主要矛盾和次要矛盾，找出家教疑难症结所在。开展亲子活动是一种非常有效的家庭教育指导形式，如今，越来越多的中小学都在组织这样的活动。

二、一对一途径

与多对多途径不同，一对一有助于单独解答家长的问题，即有目的、有计划地直接围绕学生的问题和家长进行"一对一"的沟通，并为家长提供相应的家庭教育指导。这种单独解答的方式具有较强的针对性、灵活性。

常见的一对一途径有如下几种表现方式：

1. 家访

家访是一种常见的家庭教育指导形式。通常，家访主要涉及两方面的内容：一是了解孩子的生活状况；二是和家长沟通关于孩子的教育问题。其实，还可以加一个内容，即家庭教育指导。

家访是非常好的"一对一"的指导家庭教育的方法。由于教师主动上门，并与家长面对面单独交流，故有助于增进教师与家长、学生相互之间的了解，及良好合作关系的建立。

需要注意的是，家访一定要选择合适的时机。通常，这几种时机是比较适宜的：一是学生思想或学业有进步时。孩子有所进步，作为家长都会感到高兴。此时去家访，一方面带给他们喜讯，另一方面可增强他们教育子女的信心。二是学生思想或学习下降时。学生某方面退步，单纯依靠学校教育还不够，需要与家长沟通，进行共同教育。三是学生获得某种荣誉和表扬时。四是学生病休在家时。五是学生家庭发生意外事故或遭遇灾难时。这些时候去家访，可以加深教师与学生及家长间的感情，密切学校与家庭的关系。

2. 电话

电话是教师与家长交流常用的一种工具。如果家长工作繁忙，没有时间和老师当面交流，教师可通过电话或短信与家长联系，反馈孩子的情况。

另外，学校或班级可以设置家庭教育热线，方便家长随时了解孩子的在校情况，为家长解决疑难问题。当然，学生在学习上有什么疑问，也可以给老师打电话。如此一来，便拉近了家长、学生与教师之间的距离，教师也可针对交流中发现的问题，有针对性地开展工作，从而使教育教学工作在一个良性循环中有条不紊地进行。

3.《家校联系手册》

《家校联系手册》是学校提供给教师与家长的，用来交流学生在校、在家表现，交换对孩子的评价以及教育理念、方法的文字小册子。一般由教师填写的内容包括：学生在校的情况；对学生身心发展和特点的评价；各科学习情况；向家长提出的教育建议、要求等。家长可以反馈的内容包括：对教师填写的上述内容的反馈意见；子女在家表现；对学校教育的看法、意见和建议；在家庭教育中遇到的困难等。

《家校联系手册》的内容设计既要反映学校教育对家长的要求、对家庭教育的指导，又应体现家庭对学校教育的期望和关心。

4. 在线家教咨询信箱

学校可以设置在线家教咨询信箱，定期或不定期接待家长咨询，并回信答疑。同时，通过信箱可以向家长推荐一些优秀的家教文章。

三、媒介途径

近年来，随着智能手机的普及，用于家校沟通的平台工具也越来越多。这种基于新媒体环境下的家校交流方式，让家校的互动更便捷，更有效率，家长和教师完全可以摆脱时间与空间的限制，实现实时交流。

（一）新媒介优点

总体而言，近年来家校沟通媒介呈现出如下一些优点：

1. 形式多样，内容丰富

传统的家校互动，只能通过语言或者文字进行交流，交流的内容会受到限制。而在新媒介环境下，还可以通过图片、视频等多种形式传达信息。

2. 沟通便捷，时效性强

传统的家校互动，主要通过家长会，或是电话沟通来实现。这些互动方式的便利性较差，尤其是家长会，耗时耗力，且容易影响家长的生活与工作。在互联网时代，家长和教师可以借助一些新媒介，随时随地沟通，而且教师可以实时地将学生的在校情况以文字、图片，或是视频的方式反馈给家长。

3. 利用度高，信息流动快

由于智能手机的普及，在日常生活中，家长可以随时关注班级群里的消息。另外，信息流动速度快，消息一经在群里或是朋友圈发布，能够快速被传播。

（二）家校互动平台搭建

现在，常用的家校沟通媒介有如下几种。

1. 各种线上群

教师可借助移动互联网，在各平台建立班级群。教师与家长通过班级群及时反馈学生在校在家的实际表现、共享育人经验，可以有效减少家长到校次数。例如，班主任可以通过班级群，随时召开线上视频班会，或是家长会。

2. 小程序

如果说微信、钉钉等是师生和家长互动交流的有效载体，那么诸如"健康打卡""腾讯文档""调查问卷"等这样的小程序给学生的学习、教师的工作带来了极大便利。如，钉钉平台是网课学习的主阵地，"腾讯文档"实现了按需设置、多人填写、自动保存等便捷功能，提升了家校共育效率。微信打卡小程序，实现了对学生学习、阅读、体育锻炼等习惯养成的激励功能。教师通过这些打卡小程序，可以轻松掌握学生当天任务的完成情况。

3. 微信公众号

微信公众号也是传递学校教育理念的一个重要窗口。不少学校都有自己的公众号，通常用来发布学校官方讯息、重要通知，或是传达一些文件等。除此之外，通过公众号还可以发布学校德育管理、教育教学、教师研修、学生活动、家长心得等。可以说，公众号是展示学校教育工作的一个重要窗口。

4. App

学校可以利用移动终端 App，让老师、家长、学生登陆，并查询学校相关信息，如成绩、出勤、奖惩等内容，也可用来辅助学生自主学习。如果学生学习中遇到了问题，可以查找相应的课程，利用人机互动开展自主学习。老师与家长通过 App 可以了解学生的学习进度，并掌握其学习情况，与此同时，还能给予及时、有针对性的在线辅导。

另外，老师可以通过移动终端 App 直播一些课程，家长能够通过各类的 App 参与课堂讨论。比如，老师组织青春期主题班会，家长可通过电脑或手机 App 观看班会直播，并在线讨论，以文字、语音、视频等形式发表自己的观点和想法。

当然，老师还可以将学生的课间活动、就餐情况、宿舍生活等通过手机 App 传播，使家长可以便捷地了解到学生在校生活情况。也可以利用手机 App，实现家长、老师、学生进行视频对话，不受时间、空间限制随时进行家访，从而提升家校互动效果。

5. 云平台

学校可以建立网络学习共同体，提升学生及家长的学习力。例如，有些学校创建了云交互课堂，或是云学习平台等，实现了远程备课、授课直播、教学研讨、学习评价多个功能，形成一个完整的网络教学闭环，有效地实现了学科教师间的资源共享、教法研讨与互促共生。

（三）存在的问题

新媒介环境下的家校互动更加便捷，内容更加丰富，形式更加多样，互动性强，能够满足大部分家长的需求。但是，新媒介环境下的家校互动同样存在着一些问题。

1. 攀比现象严重

在交流群中不仅仅存在家长之间攀比物质的现象，还存在攀比孩子的现象。有些教师将孩子的优秀作业发到群里，没有受到表扬的家长就会抱怨。因为攀比，家长忽略了教师布置作业的初衷，甚至为了赢得教师的表扬，有些家长直接帮助孩子完成作业。

2. 吹捧现象严重

作为新媒介环境下家校互动的方式，班级群本应更好地促进家校之间的互动，但是，不少群却成了家长吹捧教师的场所。比如，有些家长每天早上或晚上，都会不厌其烦地在群里说"老师早上好""老师辛苦了"；或者在孩子取得好成绩后，会在群里说"老师真厉害""老师真是教学有方""老师，你是最棒哒"，其他家长也会被动地跟着刷屏。

3. 互动积极性不高

平时，如果老师不发信息，群里死气沉沉，老师只要发送一条信息，大家都会跟着"应和"，不是"收到"，就是"好的，谢谢老师"。除此之外，教师与家长之间很少有互动，大家交流的积极性不高。

4. 交流态度消极

在群聊中，一些教师或家长持有消极聊天的态度，经常发表消极的言论。如，当孩子成绩不好时，有的家长会认为，孩子成绩不好是老师的责任，认为教师没有用心教学生，并在群聊里表达了类似的意思。而教师认为，学生的成绩与其学习能力及家庭教育有关，甚至认为孩子学习成绩差，根本原因是家长文化素质低，将责任推给家长。

综上所述，在新媒介环境下，新的家校互动方式为家长与教师之间的沟通、合作提供了更多的便利，但是也带来了很多问题。对此，要有一个理性、客观的认识。

四、特殊途径

除了前面提到的几种家校融合途径，还有几种特殊途径，如家长委员会、学校开放日活动、家长沙龙等。

1. 家长委员会

家长委员会是代表所有学生家长群体履行家长职责和义务的重要组织，也是学校（班级）和家长之间加强联系交往的重要平台，是由家长代表成立的组织。作为与学校沟通的桥梁，家长委员会的职责包括：定期与学校进行沟通，及时处理学生出现的问题；了解并记录学生在学校的日常表现，并反馈给家长；将家长对学校的建议，提交给学校；在学校管理、学生管理、校园文化建设等方面发挥自身的优势；积极向班级里的其他家长宣传学校的制度与实施措施，协助学校顺利开展家庭教育方面的工作等。

同时，家委会也可按照学校教育教学工作计划同步制订家委会工作计划，让更多的家长主动成为学校工作的参与者、管理者、监督者、服务者和支持者。例如，某地一所中学70%的生源来自农村，学生家长文化水平普遍不高，家庭教育知识相对匮乏，家校合作理念滞后。为此，学校制订了《××初中家长委员会工作方案》，明确在每学期召开三次大型家长会，时间为每学期的期初、期中和期末，参会人员为班级全体任课教师以及学生的监护人。

当然，家长委员会的工作还可以增加一些新的内容。比如：可参与学校建设、发展和改革，并提出相关意见；参与组织家教经验交流会；评选优秀家长；举办家长作品展；组织家长与子女的交心活动等。以此丰富家庭教育活动的内容，更好地促进家校的融合。

一个好的家长委员会不但可以提高学校办学的质量，促进学校各项工作的有序进行，同时也有助于家校的融合。

2. 学校开放日活动

学校开放日活动也叫教育开放日活动，是集体性家庭教育指导的一种，一般是指中小学通过有计划、有准备地组织家长来学校观看教育教学活动，让家长了解中小学教育教学管理情况。

孩子在学校干些什么？吃的怎么样？学习怎么样？这些都是家长比较关心的问题。设立开放日活动，可以使家长了解孩子的学习生活，体验久违的学校生活。在实际操作中，通常会安排家长参加升国旗仪式，进食堂参观，进课堂听课，参加学生的课外活动，与教师、学校领导交流，填写意见建议表等。

在开放日活动中，家长通过直观的感受，以及与校长和老师的交谈，留下的是对学校的信赖、支持，带回去的是家庭教育的新观念、新设想。这是家庭与学校互动互进的一种有效方式。

3. 家长沙龙

家长沙龙是以家长为主体，以学生学习成长为中心，以教师及专家学者为咨询指导，旨在提高家长教育素养，提升教育理念，转变传统教育观念，实现以家庭教育为突破口，最终形成教育合力的一种形式。

通常，其规模较小，议题简要，主要围绕孩子的习惯养成、青春期的沟通、如何戒除网瘾、单亲家庭教育、该不该满足孩子的物质需求、孩子为什么会磨蹭、作业应该怎样辅导等主题进行讨论。

4. 网络形式

通过网络形式指导家长开展家庭教育，一般有以下三种情况。

一是组建指导团队。即由教师、学校心理咨询师、家庭教育专家、有家教经验的家长等组成一个指导网络，来指导家长的家庭教育工作。他们可以单独进行指导，也可以联合指导。

二是在线求助名家。目前，网络已空前普及。家长可以在网上以对话、留言等方式与教育专家沟通。

三是打造家校互动平台。什么是家校互动平台？简单来说，就是集计算机信息技术、网络技术与无线通信技术于一体，实现家庭与学校快捷、实时沟通互动的教育网络信息平台。它可以高效、便捷地解决教师和家长之间的沟通问题。

例如，有些城市建立了家校互动平台，通过该平台可实现：校务点播查询；自动反馈学生到（离）校信息到家长手机；老师可以将孩子在学校的表现情况、考勤情况、考试成绩、每周和期末评语、学校的动态和临时通知等通过平台发送给家长；家长可以留言，发表自己的看法，等等。

5. 创建学习型家庭活动

学习型家庭是一种新的家庭形态。教师在指导家长创建学习型家庭时，要调动家长的积极性，避免家长错误认为，创建学习型家庭就是为了配合学校的教育工作。创建学习型家庭的目的，是为了提高家庭成员的自身素质，推进家校共建共育。通常，活动的内容丰富多样，如：和孩子一起讨论有关家庭生活问题，共同策划一次休闲活动，共同阅读一本名著，朗诵一首诗，欣赏一幅画，甚至共同解决家庭的难题，共同梦想着远方等。总之，借着与孩子共同学习的机会，家庭中每个成员都要学习成长。

第三节　家校冲突的认识与预防

一、家校冲突的成因

家校冲突是指家庭与学校两个系统在教育活动中由于教育双方文化背景、价值观念、互相期望值的不同，导致在学生的教育问题上产生的相互排斥、敌对的行为或心理状态。

在我国，家校冲突事件时有发生，究其原因，多源于校园安全事故、教育教学冲突、学校管理等问题。家校冲突不仅会影响学校正常的教育教学秩序，而且也在一定程度上削弱了家校之间的信任。为了给出有针对性的、合理化的解决家校冲突的方案，实现家校的深度融合，必须要对家校冲突的原因有一个客观、理性的认知。

家校冲突产生的根本原因有这么几点：

1. 教师专业素养不够

教师与家长沟通的态度和方式，直接影响家长对学校的信任和理解程度。有些教师在家校合作活动中，认为自己应该占据主导地位，甚至会轻视贫困家庭或文化程度较低的父母，认为他们"没有思想""没有品味"，并常将他们作为反面教材来激励学生："你们现在不努力，将来会像你们的父母一样被人瞧不起。"这些做法会僵化教师与家长、教师与学生之间的关系。

2. 家长缺乏合作意识

家长普遍缺乏与学校合作的意识，许多家长认为，教育是学校的事，自己只要提供孩子的衣食住行，把孩子送到学校接受教育就可以了。如果总是让家长教育，那还要学校干什么。有的家长认为，老师向家长反馈孩子的问题，一定是孩子表现不够好。所以，并不希望老师联系自己。另外，还有一些家长认为自己缺乏教育的知识与方法，不能向教师提出合理化建议，干脆采取回避的态度。

3. 学校追求形式主义

目前在家校合作的过程中，校方始终独居合作的主体，家长方只在从属地位，学校习惯于布置和指挥。学校搞的一些活动，如家长学校、家长开放日、家长会等很多时候都是旨在展示或宣传学校，并不真心希望家长参与学校的工作。

4. 家校沟通存在问题

老师经常让家长参与到孩子的学习中来，是想让家长扮演监督者和辅导者角色，便于教学工作的开展。如果孩子的学习出了问题，会请家长来直接沟通。其实，这算不上是一种家校沟通。因为它没有从根本上解决老师与家长的分歧，至少，家长没有增加对老师的信赖，老师也没觉得这种"沟通"有什么效果。

再就是在沟通中，老师总是表现得很强势，常使用命令式、责备式语气，如遇到家长不配合，或是对方提出一些疑问，便会说："我该说的都说了，听不听是你们的事儿。"或者会在班级群里说："×××的家长，收到请回复，这件事我只说一遍，你看着办吧。"

5. 家校权责边界模糊

随着家校互相介入的程度越来越深，双方的权责边界也变得模糊起来，甚至出现了责任转嫁、教育干涉等现象。

比如，家长经常埋怨老师管教得太严厉，或者不够严厉，而老师认为家长当"甩手掌柜"，对孩子不负责任。再如，家长吐槽一些老师给孩子留的作业成了"家长作业"，感慨"自己成了兼职教师"，孩子的作业真的变成了"家庭作业"。

其实，学校的事务应该分为教育事务和非教育事务。教育事务包括课程教学、学生作业布置、学生评价等；非教育事务则包括校园安全、食堂卫生、购买校服等。对于教育事务，应该由教师负责，无须家长参与。对于非教育事务，则应鼓励家长参与。但现实情况是，家长过多地参与了批改作业等教育事务，而较少参与非教育事务。

二、家校冲突的预防方法

要从根本上预防家校冲突，需要学校、家长、教师都做出改变，建立相互尊重、平等对待、权责明晰的新型家校关系。具体来说，需要做好以下几方面工作。

1. 学校要树立服务理念

在家校融合过程中，学校须增强服务意识。首先，改变权力意识。在新时代，学校要切实转变职能，变管理为服务，要谨记其基本职能是为学生和家长提供教育服务。其次，要更好地落实教育公平。学校要平等地对待每一位学生和家长，不可将自己置于不容置疑的强势地位。再次，要做到责权清楚。如在教育专业问题上，家长可行使建议权，没有决定权。在非专业问题上，校方可要求家长酌情参与。

2. 重塑教师积极形象

学业竞争、绩效考评和沉重的教育教学任务等多重压力，使得一些教师有意无意地向家长转移部分教育教学任务，以减轻工作和心理压力。并且在与家长的沟通中，时常表现出颐指气使、傲慢轻辱。因此，教师在提升自己专业水平的同时，要强化自己的角色担当。

首先，要有强烈的责任意识，不把本属于自己的教育任务和责任随意转嫁给家长。其次，要树立正确的学生观，明确孩子既是教育的对象，也是学校服务的对象，更是学习和发展的主体。再次，提升职业道德水准，按职业道德规范的要求处理与家长的关系；最后，要掌握良好的沟通技能。

3. 提升家长育儿能力

针对家长教育理念缺乏、教育方法不当、能力不足等问题，学校可进行有针对性的培训，以提升其育儿能力，缩小家校间的认知误差和理念分歧，避免冲突的发生。学校在开展这项工作时，可以围绕以下三个方面来进行：一帮助家长端正态度，正确认识家庭教育、家校合作的重要性，使家长认识到家校是利益共同体，不存在不可调和的矛盾；二是通过宣传普及家庭教育相关的知识和方法，使家长的家庭教育能力有所提升；三是通过与家长座谈，帮助其明确在教育孩子中角色定位。

4. 建立有效的家校沟通机制

沟通是建立信任关系的重要途径。完善家校沟通机制，保障家校沟通的畅通，有助于预防潜在的矛盾升级。

首先，学校可以通过线下和线上等沟通渠道对学校管理、教育教学等校务进行公示，让家长得以了解到学校在管理上的措施、教育教学进度及方法等。信息公开的同时，开放校长信箱、办公电话等随时听取家长的反馈，使家长可以随时了解学校相关事务，减少分歧。

其次，要发挥家长委员会的渠道作用，让家长可以有序参与到学校的一些管理中，行使一定评议权和监督权，以消除一些潜在的可能会引发冲突的误会。

5. 加强社会舆论引导

有时，人们对一些家校冲突事件的态度之所以会出现一边倒，与一些媒体的立场不无关系。所以，要做好社会舆论引导工作，坚持正面宣传，弘扬社会正能量。同时，也要加强对学生家长的法制宣传，引导其树立法治意识。

教育界流行这样一句话："家庭塑造人，教师影响人，苦难成就人。"要想教育好孩子，家庭和学校必须换位思考，建立起信任关系，从而让孩子在健康、向上、融合的家校环境中健康茁壮成长。